用心就有感

開啟你工作與生活的幸福思維

♥輯一　用心在工作

Contents 目錄

一生燃燒、一生感動、一生不悟！

文／徐重仁（全聯福利中心總裁）

賴東明董事長，一直是我在人生道路上，亦師亦友的前輩。

他是臺灣知名的廣告人，一生為臺灣的廣告界服務五十多年。二〇〇五年經濟部商業司為表揚對廣告業具有卓越貢獻的從業人士，首度頒發傑出廣告人暨終身成就獎，賴董事長就是臺灣廣告界首位獲得終身成就獎的人。記得，那時我從日本帶了一幅書畫送給他，這幅書畫上面的三句書法——「一生燃燒、一生感動、一生不悟」，代表我對他的敬佩，三句文字也與賴董事長一生的寫照極為貼切。

與賴董事長相識近三十年，從早年相關協會團體的業務往來，到後來許多公益活動的參與及合作，並共同為催生臺灣公益廣告協會的努力，賴董事長的待人處事，常給我許多啟發與學習。

賴董事長不僅在廣告界極有成就，更是許多公益團體的領導者。退休前，他本來就熱心公益；退休後，他更是全心投入，用自己的理念及行動力參與公益活動，為推動臺灣文化、藝術、傳媒等方面奔走，發揮他的專業，為臺灣貢獻力量。

此次，賴董事長將他畢生的工作經驗及對生活的細心觀察，出版《用心就有感》一書，讀來讓人受用無窮。他的文筆實在，抒寫的題材，有廣告人敏銳的觀察力，常常我們會忽略身旁的一些人、事、物，他都平實的點出這些人事物的存在價值及功能。

尤其他深知日本文化事物，文章中常舉例日本文化及現況、所遭遇的問題，對照當前我們生活在臺灣，未來可能也會碰到的問題及欠缺的思考，讀來讓人獲益良多，激盪出不一樣的思維。

相信《用心就有感》這本好書，能夠把賴董事長工作的熱誠與用心，對人事物的感動，溫暖每一位閱讀者的心靈。

感動服務，用心經營的一本好書！

文／黃其光（國際扶輪總社社長 2014-15 年）

扶輪的中心思想就是關心別人，站在別人的立場去設想，設想如何去幫助別人，簡單說，扶輪就是關心別人、為別人服務。

前聯廣公司董事長賴東明先生就是一位典型的扶輪人。他加入臺北北區扶輪社已經三十五年，身為扶輪人，他經常思索能做哪些為社會服務，幫助別人的事，此次他的新書《用心就有感》，他把自己工作、生活的理念，寫入書中，分享給更多的讀者與民眾。

在《用心就有感》一書中，有多篇寫到與扶輪服務精神相關的內容與故事，使人讀了格外感動，並敬佩故事中人物的偉大情操。近日臺灣電影「KANO」，其中有一段日本工程師八田與一的故事，本書「愛上臺灣的日本人」一文中，賴董事長就詳盡地描述八田與一建造烏山頭水庫的故事，以及後來前國際扶輪社長土屋亮平於二〇一一年起，率日本千葉縣松戶市扶輪社社友來臺，每年在烏山頭水庫種植櫻花樹，向八田與一致敬的一連串故事，使人更了解「大愛」的能量。

另一篇文章「顯親恩，在旺扶輪」，賴董事長詳盡的介紹「扶輪親恩獎學金」的成立由來與背後的故事，讀者看完本文，即能知曉扶輪精神的意義。

賴董事長是一位有情有義，歡喜傳播幸福的人，他也是一位我最尊敬的真正的扶輪社友。他細心貼心的記錄工作、生活、旅行的所見所聞，分享給讀者大眾。他關心生活周遭的人事物，點滴寫成一篇篇好文，相信讀完《用心就有感》這本書，讀者會明瞭他的用心及心意，期許這本好書感動更多人！

無私的奉獻

文／洪良浩（哈佛企管顧問公司董事長）

有一則寓言是這樣寫的：

很久很久以前，在一個快樂幸福的村莊裡，人們過著愉快的生活，人人日出而作，日入而息，工作愉快，家庭美滿；家家戶戶都有慈祥的父母、孝順的兒女、兄友弟恭一家和樂；鄰居和睦相處，豐衣足食、守望相助、社會安寧、經濟繁榮。稱得上是一個大同世界。

有一天，謠傳鄰村派來一個斥候團，想要抄襲幸福快樂的祕方，村莊中的人開始擔憂起來，商討如何隱藏幸福快樂的祕方，以維繫村莊的和樂幸福。商討後他們認為最好的方法，是將快樂與幸福的祕密，從人們身上拿掉，然後藏匿起來，以免被別人模仿。問題是這些幸福與快樂的方法，要藏在哪個地方才不會被發現？

有人建議：「在地下挖一個深洞，把幸福與快樂的祕訣掩埋起來，就不會被發現」，但有人說：「不行，鄰村的人一定會到處挖掘，總有一天會被發現！」

有人建議：「把幸福與快樂的祕訣沉入深海中，就不會被發現！」，但也有人說：「不行，人們一定學會潛水去打撈，總會被發現！」

有人建議：「把幸福與快樂的祕訣拿到高山上，把它藏起來！」，但也有人說：「不妥當，人們會爬到高山上去挖寶，這會被發現，然後據為己有！」

眾人議論紛紛，最後有人開口了，「我終於找到一個非常安全的地方」他緩緩地說：「我們就將幸福與快樂的祕訣藏在每個人的內心深處，因為人們絕不會想到從他心中去找尋！」

到今天為止，人們四處奔波，上山、下海、潛水、挖掘，到處要尋找幸福與快樂的祕訣，可是，任憑人們如何費勁去尋找，都無法找到幸福與快樂。

如今，賴東明先生以他深邃的睿智，將幸福與快樂的祕訣公諸於社會，在今天經濟低靡，民眾看不到前景的苦悶生活裡，人人都想追求幸福與快樂，卻苦無良方的情形下，賴桑的「用心就有感」把人們深藏內心深處的幸福與快樂方程式公布了。

多年好友賴東明先生在我離開聯廣公司後，接任總經理，把一生的寶貴時間貢獻在廣告傳播，後來從廣告界退休後，更投身於公益事業，創立行銷傳播經理人協會、公益廣告協會、五美文教基金會，以無私的奉獻精神從事公益事業。我與賴桑在北區扶輪社也有三十五年的情誼，他的筆耕遍及各大報章雜誌，曾是我所主持的管理雜誌最受歡迎的專文撰稿者。

他大公無私的公布他的祕方，提出「用心在工作」及「用心在生活」，將為臺灣注入一股活泉，這是他最大的公益，也是造福社會的具體行動，希望這本「用心就有感」的書，為臺灣帶來「有感經濟」！

用創新思維，創造工作與生活的感動！

文／涂建國（安益國際展覽集團總裁）

許多的新創意、新發明、新品牌，都因為在展會的亮相而發光發熱。活動（Event）的舉辦更是提供體驗商品並創造價值的機會。臺灣當前需要更多舉辦活動的機會，讓世界看見臺灣。

賴東明董事長在四年前就思考為了因應政府推動會展產業，強化業界活動執行能力，廣邀各界成員，包括展覽、會議、飯店、航空、旅行社、公關、廣告、行銷、顧問、文化、媒體、學校及基金會等團體，組成「臺灣活動發展協會」，為帶動產、官、學界之發展不遺餘力。

臺灣活動發展協會在他的積極帶領下，受到會展、活動及公關等產業界的重視，近期積極推動ISO20121活動永續管理的認證工作亦獲得政府相關部門的支持，同時辦理三次國際參訪，及十一場國內研討會，提供會員國際交流及異業結盟的目的。

此次賴董事長出版新書《用心就有感》，書中除了有他多年廣告行銷的工作觀察與見解，輯二「用心在生活」中更有多篇文章，記敘他旅遊的所見所聞，這些經驗中，他多次提到「城市行銷」的構想，如何凸顯地方文化及特色產業的重要，透過細膩的觀察與具體的剖析表達諸多精闢的觀點。

面對全球化競爭，城市更應扮演積極的角色，藉由展覽活動，創造不可替代的城市活動行銷價值。相信《用心就有感》這本好書，能幫助所有「行銷人」、「廣告人」、與「會展人」習得賴董事長累積多年的寶貴經驗，為工作創造更有利益的價值！

廣告人與公益人的人生有感

文／賴東明

筆者一生在廣告界任事五十年，一九六二年進入國華廣告，隨後一九七六年至聯廣廣告服務，並與好友一同創立國際行銷傳播經理人協會、臺灣公益廣告協會，被稱為「廣告人」；之後與董氏基金會結緣三十年，三十年來參與許多公益活動的推動，也在五美文教基金會二十年、好鄰居文教基金會十年，雖無十足成事，卻亦被親朋稱為「公益人」。

做為一個廣告人，時時追求的是廣告的刊播要有助廠商、廣告的品質要有提升、廣告的效果要能影響人心、廣告的目的要建立民眾消費觀等。因此，在專業的琢磨下，或許會有廣告人心筋緊張、心思偏向等工作思維，筆下的撰文或許多少含有競爭意識，不免自成觀念。本書中輯一「用心在工作」，即是一些工作觀念的分享，期望這些思維能拋磚引玉。

做為一個公益人，日日思懷的是幸而有此生，追求人與人的和諧，人與自然的融合，在此觀念陶冶下，心境就會寬闊、平和、隨緣。筆下的撰文，對人或對事或對物，有些情緒的抒懷、感動與期許，本書輯二「用心在生活」，文筆就流有這樣的感動，包括來自旅行、閱讀、參與活動事務等生活面向的點滴，希冀讀者不覺野人獻曝。

回顧自己一路走來，五十年的廣告生涯，曾用心任事，三十年的公益生涯，曾用心投入。廣告人與公益人結合一生，在人生的旅程上，二〇一四年，將是勉勵自己再持續用心行事的一年，雖已是黃昏，但願有無限美好的夕陽。在此也與讀者共勉，只要事事用心，時時用心，相信就會被人生感動。《用心就有感》，期望能為想用心工作、用心生活的讀者帶來人生的啟發，用心的果實。

二〇一四年，也是筆者加入臺北北區扶輪社的第三十五年，身為扶輪人，有幸與一群事業有成，心存善念的社會菁英聚於一堂，輯二「用心在生活」中，亦有多篇描述參與扶輪社的活動、交流，做為一個扶輪人，筆者一直思索在扶輪社的服務上，能做些什麼助人益群的活動？或許只如大沙漠中的小綠洲，然做為社會中堅份子的扶輪人，仍會執著持續推動社會和諧，世界和平的理念，幫助更多需要關懷的人。

文末，感謝大家健康雜誌總編輯葉雅馨、主編楊育浩，非常用心地蒐集了筆者過去的拙作，進而將其編成此書，以饗知音。

八十歲的青春，讓人終身受用的智慧！

文／姚思遠（董氏基金會執行長）

賴東明董事長是資深的廣告人，素有「廣告教父」的美譽。他投入廣告業五十多年，為臺灣的廣告業開創不少新局，貢獻極大。除此，他在工作之餘，也參與許多民間公益團體推動的公益活動，董氏基金會即是其中之一。

賴董事長與董氏基金會有極深厚的淵源，從基金會草創時期，便與創辦人嚴道博士一同推行戒菸運動，在二〇〇二年嚴道博士辭世後，他一肩扛起董事長的重責，協助基金會推動菸害防制、心理衛生、食品營養等各項業務，並為基金會發行的《大家健康》雜誌架構許多內容，卸任後，他仍擔任基金會董事，持續關心基金會會務的推動與發展。

二〇〇四年，七十歲的賴董事長從聯廣公司退休，即全力投入社會公益活動，無私精神令人敬佩。他本身也是位多才多藝的作家，經常撰搞，發表在經濟日報、動腦雜誌、講義雜誌、管理雜誌等報章媒體，分享他的職場觀察與人生經驗。他更出版了不少書籍，也曾得到新聞局中小學生優良課外讀物的肯定。

二〇一三年，他將全球知名創意行銷大師堀貞一郎，富有童趣及文化創意巧思的著作引進臺灣，翻譯改寫成《生命的奇幻旅程：啟迪心靈成長的6個故事》，這本融入兩位大師級人生智慧的好書一出版，即獲得不少名家及媒體的推薦肯定。

今年，他將自己的工作與生活經驗，出版新書《用心就有感：開啟你工作與生活的幸福思維》，《大家健康》雜誌很榮幸再次與他合作出版。這本好書，賴董事長用最實在受用的文字，為讀者解開工作經常遇到的難題與生活空虛的煩惱，相信一篇篇「用心」的好文，定能讓讀者在工作與生活上都終身受用！

《輯一》

用心在工作

你喜歡你的工作嗎？
或是不討厭，但沒太多熱情，
不知自己還能撐多久？

在職場上班一段時間，不少人會對工作產生倦怠，可能發現工作與自己與趣不合、感覺沒有前景與未來，或者與主管不合、感到同事難以相處……。

日本經營之聖稻盛和夫認為，人生幸福的真正外在表現形式就是工作。因工作能為人帶來成就感及認同感，工作需要有幸福經營的想法。可是面對工作的苦悶，真的可能幸福經營嗎？

廣告教父賴東明，用自己五十年的職場生涯與經驗，證明實踐該如何幸福經營工作。在輯一「用心在工作」中，一篇篇的職場經驗好文，說明早到晚退不會吃虧的工作態度；如何承受壓力，全心投入工作的精神；在工作中如何取捨，未來如何進退的職場規劃；工作中該如何溝通，如何授權與受權的管理藝術；成為主管或老闆後，不要有官僚習氣，懂得動口不如動手做；更不要假公濟私，要懂得忙私與忘私的差異。

賴東明提出「得」、「捨」，「進」、「退」的觀點，這些都是一般人在職場中缺乏的觀念，因為少了這些思維，常導致工作不知為何而做。在工作管理上，他提出「授權」與「受權」，「嘮叨」與「叮嚀」的想法，排解職場上最難以相處的主管與部屬關係。明白這些道理，就能為自己在工作點燃熱情，在職場上加分。

工作早到晚退，真的不吃虧！

一向被奉為圭臬的達爾文「物競天擇，優勝劣敗」的進化論，面臨科學昌明、文化發達的廿一世紀時，其適用性和權威性正不斷受到質疑和挑戰。在最新且具有取代架式的革命性理論中，以「蓋亞假說」（Gaia Hypothesis）最受到注目和重視。

「蓋亞假說」的論點精髓乃是：「人並非只受環境所主宰控制，而是會積極去改變以利生存！」此一迴異於「人造環境，環境樹人」的「應變哲學」，在當今現實生活中不乏實例可供驗證。

臺北市的交通黑暗期是一段漫長、雜亂、生活作息深受影響的無奈事實。面對此一生態環境的重大變化，市內許多企業紛紛採行「彈

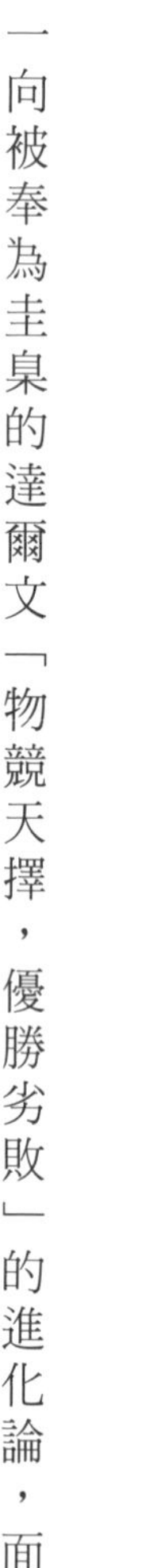

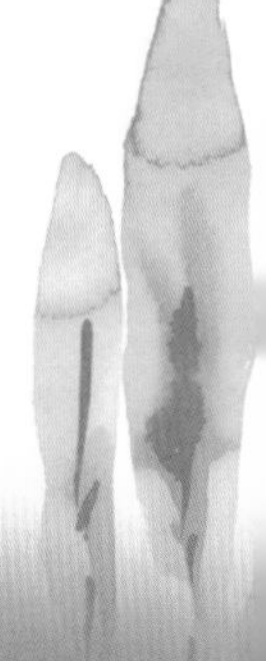

性上班」制度以為因應；更有為數愈來愈多的上班族以早到晚退的積極方式，改變通勤時間，從而降低對工作效率的不良影響。

客觀顯示如此的應變哲學，無論對企業或員工均同時獲得當初所意料之外的邊際效益！

因為早到，得以避免上班尖峰交通的壅塞勞頓之苦和煩躁的精神之害，更能保持愉悅的身心去面對辦公室全天候的工作挑戰。因為要早到，就會刻意地自律於減少前一天晚上不必要的應酬，甚至聲色狎遊。因此，既能節省奢靡的開支，又能持盈保泰，何樂而不為？

身為部屬能夠早到，利用清晨清明的頭腦，或進修，或動手完成昨日的未竟事宜，或思考今日事的籌劃，將更能心無旁騖而事半功倍；早起的鳥有更多的機會挑選肥碩的蟲進食，早到的員工也更易於凸顯自己而平步青雲。

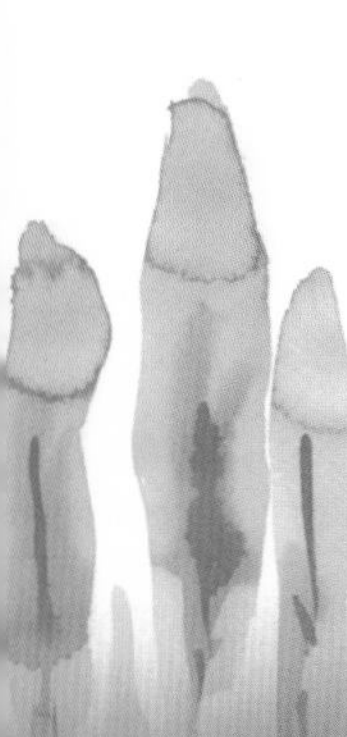

早到的主管，更能有效掌握員工的出勤狀況，對組織管理和績效產出，乃至個人宦途轉進，都較有得心應手的表現。

至於**晚退，同樣能避開交通的不便，使疲憊的身心免於受氣和受罪而影響返家時天倫歡聚時的情緒**。從積極層面而言，下班後留短暫時間來閉目反省今天的做人處事，或寫下今日事的心得、明日事的計劃，或翻開書籍以求專業知識之增進，或與三五同事好友討論作業之改進等等。有助於員工增加對公司的關心度和向心力，培養今日事今日畢的治事態度；而且能不計酬地延長上班時數還能甘之如飴，對格局和器度的擴張有絕對之助益！

如果將人生比擬成上班生活的話，「早到」就是年少有成、英姿早發，避免大器晚成的漫長等待。「晚退」則是臨老退而不休，繼續發揮銀髮魅力為企業或社會效命。

「朝九晚五」的刻板印象在環境日趨複雜、競爭日益激烈的今天，其適用性和正確性正不斷受到質疑和修正。而「蓋亞假說」的應變哲學，對聰明人而言早已行之有年；對仍保有公務員心態的人而言，應即早求變，以開創更大的發展空間才是！

承受外來的壓力，轉化成滾動的動力

飽滿的皮球充盈著氣，越用力拍打，它就彈得越高！

如此簡單的自然現象，運用到現代管理科學上，即可衍生出「壓力即動力」的哲學。有人戲稱：老年人佝僂駝背，是因為人的一生都是在壓力下過活。戲言歸戲言，其背後卻也存在值得我們深思和領悟的事實——所有老人都是可敬的，因為他們在人生的壓力競賽中都是贏家。

從小，人就有存活的壓力；長大，有升學和就業的壓力；成為受薪的上班族後，必須面對升遷和工作的壓力；過了哀樂中年，健康和事業的壓力接踵而來；銀髮老年，空巢寂寞的壓力更難消受。只有擅於化壓力為求生動力的人，才能安然終老。否則不是半途崩潰，就是無法承受壓力，而成為人生逃兵。

企業亦然，在草創時期，生存的壓力極大；地位穩固後，有競爭和成長的壓力；其後隨之而來的是升級和社會責任的壓力；成長茁壯後，終究有永續經營的前途壓力。個人以為，任何歷史悠久的企業必有其可貴之處，能安然經歷無數壓力挑戰而屹立，其作為足供師法。任何規模和格局浩大的企業也必有可觀之處，能脫穎而出，其源源不絕的智慧動力，絕非他人可及。

皮球是無生命的個體，卻能承受外來的壓力而轉化成滾動的動力。人和企業體異於皮球，更要把外在環境壓力，轉變為成長動力。**許多企業在擬定營運目標時，除了預期可達成的「實現目標」外，經常設置了「理想目標」或「挑戰目標」，透過此一「壓力目標」的訂**

正，以激發員工的鬥志和潛能，從而匯集成突破和超越現狀的動力，這正是企業「目標管理」的精髓所在。

壓力的產生和承受是「體」，動力的激發和運作是「用」。壓力和動力存在著互動和能量不滅的關係，這與太極拳「借力使力」的原理不謀而合。**無所不在的壓力無法抗拒或逃避，能坦然面對而逆來順受，自然相應滋生克服的動力。**

以色列因能坦然面對四鄰的威脅，而研展出世界一流的武器和戰力；日本森永企業無懼「千面人」破壞，而動員全公司員工的力量，化危機為轉機；慈濟功德會的證嚴法師承受病魔纏身，也能實現普渡眾生的大願……，俯拾皆是成功實例，在在都是壓力即動力的明證！

想有所「得」，就必須有「捨」

「平安是福」這句老祖宗留下的金玉良言，言簡意賅，發人深省。「平安」，就是「平淡、平凡、平實才能安心、安康、安定」的意思。如同天秤一樣，兩端平衡才能呈現最安穩的靜定狀態。

平安雖是眾人所求，卻不易得之。特別處在充斥物慾誘惑的繁華絢爛年代中，要能捨棄名利和權勢而趨於平淡、甘於平凡和安於平實，非平常人所能及。於是，處心積慮掙得的名望和財富，又要費盡心血去保全和防衛，看似人所共羨，其實有其渴望捨得平衡的安寧心裡。

這正是「捨」和「得」之間微妙的共生關係所衍生出的因果律。

「捨」而後「得」，如企業對社會的公益或慈善回饋，物質的付出卻換得人心所向的口碑。

「捨和得」的觀念，在倫理價值低落的工商社會中尤其重要。從某種「捨和得」的意義來看，現代企業的從業人員必須具備出家人的特質，一種捨棄自我去獲得眾人認同的特質。

出家人經剃度和皈依，以割捨俗世的煩惱和塵緣，然後才能專心禮佛、參透禪機而得道。

現代上班族一旦正式上班，即成企業人，職稱就是名號，制服如同袈裟。在戮力從公的奉獻過程中，要能割捨家的羈絆和擺脫人情包袱，才得以專注工作而有所成。

一旦身居高位，當年華老去，要懂得讓賢，才能免於戀棧之譏；遭遇重大過失，要有掛冠求去的擔當，以免自誤誤人。捨其位，以得其名。

有所「得」，就必須有「捨」。企業經營有獲利，就必須繳稅，否則即使能逃漏於一時，東窗事發之後，辛苦累積的優良形象將因而蒙羞。對個人，捨錢消費，才能得生活品質；捨時充實進修，才能獲得知識的精進和改善氣質。當臺灣被譏為貪婪之島的此刻，要能捨財，救助落後國家，才能獲得友誼，知此有捨才有得的觀念推廣，更顯急需且迫切！

「捨和得」不是「舊的不去、新的不來」的濫情；有所圖的付出，也不見得會有稱心如意的回報。取法乎上，順其自然，如壁虎遇敵則斷尾以保命，才是人類所該深思的！

小氣難成格局，大志才能有目標

在日文中，「微觀」（micro）稱之為「蟲瞰」，「宏觀」（macro）稱之為「鳥瞰」。前者短視近利，故步自封，後者則氣度恢弘、高瞻遠矚。其間的差異，正有如小氣與大志之不同。

曾在某雜誌看過一項員工對公司不滿度調查的結論，其中「老闆小氣」、「主管心胸狹窄」都占有極高的比例。顯然，上位者因小氣而招致部屬抱怨的現象是很普遍的。小氣的老闆，很難成就大格局的企業。因為小氣心態上易趨於吝嗇，對員工待遇和福利付出會錙銖必較，從而影響貢獻慾望，間接損及員工忠誠。小氣也會讓人變得刻薄，挑剔因而多於獎勵，勞資關係較難和諧導致現實無情。上行下效的結

果，變得危機隨時潛伏其中。

素有廣告鬼才之稱的日本電通前任社長吉田秀雄，平常對同仁要求異常嚴格，卻不斷對表現優異的部屬捨私財，贈送新衣或新鞋等禮物以為慰勉，使公司幹部在客戶面前容光煥發、抬頭挺胸。在其社長任內，促使電通往後變成世界最大的廣告公司，令人不得不佩服他的眼光和志節。古云：「財散則人聚。」

人有大志，宰相肚內能撐船，其理想將不因小節而耽擱延誤。如：日本的西鄉隆盛畢生致力倒幕運動，終能結束幕府統治而回歸天皇，奠定日本現代化的基石。如：證嚴法師失志渡窮困眾生，不顧己弱，終有慈濟功德會的成立。古今中外都有無數立大志、成大業的成功典範，在令人感動之餘，對社會進步也有極高的參考價值。

有了大志向，才有努力的目標；在奮發圖強的現實過程中，才能

不惑於現狀而因小失大。我們喜歡鼓勵年輕人及早做生涯規劃，除了培養其事業雄心之外，更包含了眼光放遠，心胸放寬的積極意義。因為，當人生階段的奮鬥目標確定後，才能做好更周全的衝刺準備，才能免於見樹不見林的短視，和只有今朝沒有明日的盲目。

以臺灣一個島國的環境而言，沾沾自喜於目前的成就是小氣，唯有立足世界才是大志，因此國際化絕對是必然的潮流趨勢。此一沛然莫之能擋的事實，對企業和個人的發展休戚相關。只知維持現狀守成，如蟲之蠕動，進展有限；唯有勇於開創新局，才能如鷹之振翅，前途無限。

守財奴精於計算自己擁有的財富，生怕遭人偷占，而投資者卻能善於創造財富和理財之道。兩者的高下分別，為小氣和大志做了最實際的詮釋。

全心投入需要付出代價 但成就卻是永恆

一位任職日本某大電器工廠的資深技師，二十餘年來都一成不變地從事壓縮機的製造和研發，長期浸淫此一專業領域後，使其在壓縮機之真空抽取技術無人能及。當旁人請教訣竅何在時，他以謙虛而自信的口吻答道：「全心投入、全力以赴而已。」

這個在先進國家中屢見不鮮的實例，值得年輕上班族效法的地方有二：一是能長期不厭煩地忍受單調的工作，而不改其志、堅守崗位；二是不因老經驗而怠惰，反能全神貫注，用心創新，終而有成。

現代管理學認為，人才的養成途徑有三，分別是自我學習、主管在職指導和施予教育訓練。其中專家認為，從工作中全心全力的自我學習，對於專業經驗和智慧的累積最為迅速有效！

的確，**全心全意將精神投注在工作上，往往能發掘其中的樂趣，進而培養出深厚的感情。這對上班族正常人格的成長，和敬業樂業態度的建立，是唯一可行之道。**

相對於「全心」的可貴，各企業普遍存在員工「分心」的現象，已成為人才培育和人事管理等方面的嚴重障礙，甚至顯然成為我國經濟發展的一大隱憂。

常見的事實是：不自省本身的能力和貢獻，而不滿待遇和職位，導致花在抱怨的心思多過工作付出，甚至抱著騎驢找馬的跳槽心態；有人年紀輕輕，履歷表上資歷卻密密麻麻，一副蜻蜓點水式的潦草從公心態；或者私務纏身，養成視兼差為正常、假公濟私的敷衍心態；

因羨慕他人成就而虛浮躁進，無心專注紮根，形成這山望著那山高的迷幻心態。種種管理上因分心所衍生的弊端，使許多企業和員工同蒙其害。

企業不分大小，都有其優良的內涵特質存在，非經三年功夫無法洞悉其精華。資深員工視之為寶礦而鑽之彌深，時日一久，自然能全心付出且津津樂道，造就出互相依存、互利共生的和諧從屬關係。資淺或新進者，則易因期望過高或環境生疏，難免對傳聞公司的缺失而心生畏懼或失望，在不斷地分心之餘，不但無法建立對公司的向心力和忠誠度，對個人專業素養的充實和人脈資源的拓展也都難以完整。

老師傅一雙手上的繭，都是心血和智慧的結晶。儘管全心的執著需要付出代價，成就卻是永恆。否則心猿意馬，終將是碌碌庸才而一事難成。

授權與受權，主管與部屬的關係

三國劉備臨終託負諸葛亮輔佐少主，並授以「取而代之」的權利。諸葛亮臨危授命，卻不改忠誠，鞠躬盡瘁以終。

上帝因無法照顧每一個人，所以發明了母親；並授以乳汁哺育幼兒，授以慈心母儀天下，使為人子女者得以接受母愛薰陶，從而成就和諧交融的社會。

在授與受之間，許多的智慧和使命才能獲得圓滿的傳承和繁衍。

人非萬能，所以無法以獨木撐大廈，必須合眾人之力授受同心，才能有所作為，這是任何團體不變的鐵律。

從現代管理的角度以觀，「授權」是一種智慧，表現出上位者舉才用人、選賢與能的藝術。「授權」更是一種上位者必須有的責任，透過授權的運作，分散主觀或獨裁所帶來的風險，傳授本身寶貴的經驗，培養部屬的成就動機和貢獻欲望，使組織的功能得以彰顯。

對部屬而言，「受權」是義務，不辱使命是唯一結果，也只有全力以赴才能稱職地完成角色扮演。「受權」更是一種榮幸，主管的青睞是一種前途無量的暗示，使自己能有機會發揮所長，贏得器重，超越同儕。

授權與受權有密不可分的從屬關係，在良好的授受循環過程中，組織因而擴大，公司資源得以快速有效累積。

授權的多寡，攸關主管的眼光和器度。事必躬親的主管，培養不出優秀的幹部，反而會招致獨霸之譏；反之，擔心大權旁落的主管，將帶來員工士氣散漫、組織效率不彰的管理死角。事實上。一位成功的主管。在肩負公司使命之外，還必須具備另一項附加價值，那就是——培養接班人；授權之重要可見一斑。

受權的成敗，則牽涉到部屬的專業素養和敬業心態。企圖心和上進心越強，受權的程度和比重就越高。藏氣以待，不如主動爭取，以免懷才不遇。能力或經驗不足，就貿然受權，也將因頭重腳輕而落得輕諾寡信的罪名，失去受重用的機會。最可怕的是，不知珍惜受權的可貴，反而恃寵而驕或狐假虎威，遭受排擠而發展受阻。

只有精於授權的優秀主管，才能栽培勇於任事且善於受權的部屬；唯有如此，組織的生機才能活化，企業的命脈才真正得以延續！

說服的藝術，嘮叨與叮嚀的對話

朱自清「背影」一文中，提及其赴月臺短暫的話別；岳飛從軍時，其母大義凜然的訓勉……。古來無數慈母嚴父言簡意賅叮嚀，往往成為日後子女刻苦銘心的追憶。

適時適度的提醒和關照是叮嚀，而不時又過度的提醒和關照就是嘮叨。言不繁且適可而止是叮嚀，語多而煩且近乎疲勞轟炸是嘮叨。提綱挈領是叮嚀，瑣瑣碎碎則是嘮叨。

心領神會是叮嚀後的接受，耳根清靜則是嘮叨後的解脫。同樣立意良善，因方式和技巧不同，效果和反映因而迥異。

臺灣俗諺中有一句「龍一條，恰贏蚯蚓一畚箕」，從某種意義上

延伸，可比喻為精練的叮嚀和繁複的嘮叨兩者間意境的差別。

現代管理學上，主管對部屬的耳提面命，被視為垂直溝通的重要藝術，也是部屬賴以成長的吸收管道。**精明的主管懂得在適當的時機、針對不同部屬，進行明確而有效的叮嚀。當部屬表現卓越時，叮嚀會是再接再厲的嘉勉，或是感同身受的慰勞。部屬挫折失意時叮嚀，則是問題的點撥或加油的打氣。**

婆婆媽媽型的主管在指導部屬時，常會拿捏不住分寸，不是提示過多而重點分散，要不就是語多重複而莫衷一是，導致屬下無所適從。嘮叨的父母難免會引來子女的抗性，嘮叨的主管招致的抗性更強且難以服眾。

廣告是一門說服的藝術，在資訊訴求的過程中，統合了提醒、教育、誘導的諸多功能。由於攸關民眾生活甚鉅，廣告型態和傳播效果的研究，更值得探討和重視。廣告的型態也可以粗分成叮嚀型和嘮叨型兩種。表現企業對社會、消費者的關心，進行提醒和呼籲公益訴求，這是叮嚀型的特質。

反之，有許多內容近乎囉嗦的陳腔濫調，或經年累月一成不變的刊播，使收視者心生疲乏或厭煩的嘮叨型廣告。一些常在電視上出現的廣告影片（CF），其素材終年未改且露出度又高，效果已持續遞減而不自知，這種了無新意的萬年廣告影片，是一種看得見的浪費。

複雜簡單化是叮嚀，簡單複雜化是嘮叨。重點太多等於沒有重點，不單說話如此，任何計畫、策略或方案的擬訂也都沒有例外。想想看，所有中外的金玉良言或珠璣名言，哪一句不是簡短而有力且發人深省的叮嚀型？

不要有官僚習氣，動口不如動手做

傳統「君子動口不動手」的觀念，意指有修養的人和他人爭執時，往往訴諸理性的言辭，而不以武力為決勝的憑藉。

然而，時至今日，「動口」和「動手」的觀點，卻有了大幅的引申和轉換。批評是動口，參與是動手；高談闊論是動口，默默耕耘是動手；無視法案審查的重要，而忙於無謂的議事規則之爭是動口，發揮人溺己溺情懷，投身公益，或勸募或捐獻或當義工是動手。動口常常是不負責任的敷衍或事不關己的冷漠，動手則往往是拋轉引玉的示範和改善問題或困境的具體良方。

宋朝王安石變法，其立意構想就現代觀點的確有可取之處。王之新法，雖以「議事高奇」而受重用，卻由於「錯用小人，執行不力」而宣告失敗。

這種視「動手」勝過「動口」的事實，正足以說明為什麼現代行銷廣告會特別重視消費者行動效果的原因。一個有關企業或商品的訊息，透過廣告人精確地「動腦」，塑造成令人「動容」的符號，藉由「動情」的創意包裝和「動聽」的立意承諾，從而誘導目標對象「動手」購買（TAKE ACTION）。許多著名的傳播理論，都是從以上一連串的動作中激盪而生；而消費者行動力的反映，也常做為評估傳播績效的唯一驗證。

在中國式管理的領域中，對官場或商場上的「官僚習氣」，一直有很深的無望和失望，並視之為保守、矯飾、效率不彰和形式重於實質的病態象徵。從字形上看，「官」兩字有口，應該有對上忠言、對下談規範的意思。可惜，世俗對官僚的認定都離不開推拖敷衍的口舌和頤指氣使的嘴臉。

稱職的主管有言教之外，更重視身教的貫徹；以身作則的示範，勝過靜態的刻板理論。聰明的部屬往往更懂得在學以致用的過程中，親手去累積經驗。畢竟，人才的擢升必須從基層做起，而後逐步往執行層、管理層和經營層前進。正如同向富翁請教致富之道時，他先起身關燈的故事一樣，一個暗示性的小動作，比口沫橫飛的長篇大論更能發人深省！

從世界的潮流角度看，動手的樂趣正不斷被提倡，於是各種自己

動手的DIY（DO IT YOURSELF）產品也紛紛大行其道。培養自己動手的習慣，有益於個人對生活和社會的感情，對親子關係的促進更有正面的助益。科學家描繪人類未來的體型是頭大身小的滑稽模樣，對四肢不動的現代人而言，為己為人，請你多多動手！

不要假公濟私，忙私與忘私的差異

「忙」與「忘」兩個字的形容結構雖相同，字義卻全然有別。而「忙私」與「忘私」兩者意境的差距，更無法以道理計。在現代的企業組織裡，這兩種極端的現象經常充斥混雜其間，呈現員工素質良莠不齊、組織績效優劣涇渭分明的景觀。

傳統的戲劇講求「三C」理論：創造眾多定位明確、輕重有別的角色（Cast），並賦予各種角色不同且鮮明的性格特質（Character），透過各角色間的相互衝突（Conflict），延展出高低起伏、悲喜交織的劇情張力。

如果將每一個企業體視之為舞臺，則各人置其中，因部門、職責、位階和專長的不同，而有迥異的角色扮演。從此觀點，有許多耐人尋味的事實，頗值得細加深究：同樣的單位，會因主管的不同，組織氣候有嚴謹規律或散漫無章之分，業績成效也常有過和不及之別。同期進入公司的員工，在共同歷經一段時間的考驗後，有人因表現傑出屢受重用，從而平步青雲、扶搖直上；也有人老是平庸無奇，或擅於敷衍廝混，終而難當大任。之所以會有截然不同的結果，主要來自忘私和忙私的差異。

忘私者，視工作為神聖的樂趣，努力且求長進，以達成最完美的付出。而且重視公司的榮辱，在乎自己的貢獻和成就，在從公心態上，公私分明且謹守有度，因此，不為私慾而浪費公帑，不因私務而假公濟私，不舉無才熟人而徒增公司管理負擔。

忙私者則反是，常因私事而耽誤公務，利用公司資源壯大個人籌

礙以厚蓄私利，甚或勇於私鬥而搞派系，置組織和諧於不顧。對於任何企業所造成的傷害，實莫此為甚！

許多人對「洛克案」（註二）造成日本政壇長期動盪而大惑不解。在重視公益大於私利的日本社會中，因個人受賄醜聞而損及團體聲譽，導致所屬政黨被國人指責，雖不足怪也不足取。即使在講求個人主義的美國，一個「水門事件」就足以讓貴為元首之尊，因個人私德敗行難以見容於社會而下野。當然，就人類整體歷史大環境而言，因忘私而枵腹從公，甚而因公殉職的典範，皆遠多於忙私而忘公者，人類文明才得以精進。

近年來，許多企業為反制社會瀰漫的功利氣息，紛紛提倡以公司為家的倫理觀，冀求維繫企業發展生機。其實，多提拔擢升忘私的人才，多獎勵勤學且關心公司發展而勇於建言的人才，對員工忠誠心態的建立，自有其鼓舞作用。所有員工都能心無旁騖，自能責無旁貸地奮力從公，然而，最重要者，莫過於經營者的忘私領導！

註1：洛克案是日本戰後的醜聞事件，起源於美國洛克希德公司為推銷其飛機，向當時日本首相田中角榮及其他重要政治人物行賄，一九七四年十一月，田中角榮因涉嫌此行賄事件，辭去首相和自由民主黨總裁職務，一九七六年七月因此事件被捕，退出自民黨，但田中角榮仍舊在幕後左右日本政治走向。此事件一直到一九九五年二月，日本最高法院才做出終審判決，動盪日本政壇長達十九年之久。

一顆蘋果不能吃到最後才知道是酸的！

隨著大眾傳播媒體的蓬勃發展，包羅萬象的資訊需求也日益龐大且殷切。就在我們不知不覺中，各種類別的專家如雨後春筍般相繼冒出，並在各媒體有意無意地抬舉和造勢下，迅速揚名而行情走俏。於是乎，舉目所見，到處充斥著專家的身影，股市投機有專家已屬可悲，連詐財、犯罪都有專家則是荒唐。

其實，「專家」應該是「專精於某一特定學問領域，成就普遍受各方認定，其專業素養和道德修養俱佳，且能自成一家之言者」，絕非私相授受的廉價恭維或揶揄有餘而尊崇不足的戲謔封號。

只是，當我們仔細審視散布在各媒體上的諸般言論後，往往可以發現：精闢獨到、令人茅塞頓開，或是一針見血、足以發人深省的良性立論固然不少；言不及義、剽竊抄襲、插科打諢，甚至鼓譟情緒、譁眾取寵的陳腔濫調更是比比皆是。

其間的差異，就是「拙見」與「卓見」的重要分野！

「拙」與「卓」，雖同音，其意義卻有天壤之別。而拙見和卓見兩者之間雖也存在極端的不同，如果缺乏足夠的明辨能力，常會棄卓見如敝屣而變得膚淺無知，卻又惑於拙見而執迷不悟且終身受其害。

利慾薰心加上短視躁進，使許多人忘記「獻醜不如藏拙」的道理。私底下往往喜歡口無遮攔地大放厥詞，或發表意見、或批評人事、或造謠攻訐、或抱怨訴苦，無不為了引人注目，要不就是逞一時之快的炫耀。在正式的會議中，則常見外行充內行的高談闊論，或堅持己見的幼稚想法，或狀況未清即妄加斷語，使議事的品質和效率受損。

政客、庸醫、鄉愿和術士的嘴，比匪徒手上的槍更具殺傷力。拙見之害，可見一斑。

真知卓見往往來自於成熟的智慧和深沉的思考，其影響力的廣度和深度，自非一般的拙見可比。在公私場合中，任何型態的卓見，也更能引起較大的迴響。

馬克吐溫說得好：一顆蘋果不能吃到最後才知道是酸的！同樣，對拙見和卓見之間差異的辨識能力，是現代人必修的課程。更重要的，還必須少提拙見，而多發表卓見，以免自誤誤人，才是必備的修養。

不要存有「無魚蝦也好」的心態無功卻想貪功！

經歷幾千年來不同朝代的興替，促使中國人對政治的敏感度特別的高；再加上現代民主和民意觀念盛行，使得整體政治生態環境有了空前的質變！

在變化的過程中，難免有紊亂脫序的現象產生，無可避免地衍生出一批「政治蟑螂」。這些善於巧言令色的投機客，經常藉由一連串社會事件或政治議題，以激進的方式製造事端，從而達到為個人造勢，並以「插一腳」、「插花」方式從中牟取不當私人利益。此等劣質化現象，是國內轉型進化的暗礁，也是典型「無功而受祿」的惡例。

沒有功勞卻想雨露均霑；或刻意渾水摸魚在他人論功行賞的行列中去分享榮耀與成就；或不循正當途徑積極付出，只知投機造勢，在他人事成時，巧取豪奪而沾沾自喜。此等行徑，對默默耕耘、賣命奉獻的人而言，是極不公平且不合理的。

任何組織裡最怕的是心存觀望卻妄想坐享其成的人，團隊作業環環相扣的凝聚張力因而出現死角。更怕存有「無魚蝦也好」的消極心理，見他人飛黃騰達即心生嫉妒而惡意醜化，使組織的倫理與和諧遭受破壞。這種無功卻貪功、無祿卻見不得他人享祿的現象，也算是另一項辦公室文明的病態。

最近在報上看到一則笑話，大意是說：某單位的行政首長對部屬呈上來的公文，喜歡一成不變批個「可」字，可是其涵義卻因所簽的字體大小而有明顯區別；「可」字寫大代表「大可不必」，是退回再議之意；如果「可」字寫小則代表「非同小可」，需從長計議、慎重行事！字體不大不小，表示認可通過。

從管理的角度來看，這正是「無功不受祿」的眾多後遺症之一。試想，一個無才無德的平庸之輩是如何被拔擢而身居要津？其他殷勤奉獻的同儕又是如何被安排？如此昏庸的主管是否會擋住優秀的部屬升遷，而令其有志難伸或率爾離職？顯然，「功」是定力的終端結果，「祿」是相對應的報償回饋。有功而得祿是實至名歸，無功而受祿雖能虛榮於一時，但難以令人心服。

政治雖是妥協的藝術，利祿的分配往往也需要師出有名，否則就像民初許多地方小軍閥動輒自封大帥、大將軍一樣的可笑。三國關羽以「無功不受祿」而婉拒曹操的錦裘、華屋和厚爵，這種一介不取的自制力，該是許多鑽營求進者所應效法的。

錢和權都須取之有道，行之有理！

有句名言說得好：壞朋友就像你的影子，在陽光下（即得意時），他陰魂不散般亦步亦趨緊跟左右；當你一旦走進陰暗處（失意時），他又立即消失無蹤。

財富和權勢同樣具有如影隨形的緊密關係，不同的是，無論在明亮處或黑暗處，它們都能「焦不離孟，孟不離焦」地相互吸引交融。在官場上，它們的結合是「金權政治」；在商場上，它們雙雙出現在「家族企業」中。

金權政治的可怕，除了因財閥干政而滋生官商勾結的弊端，導致國家利益分配不均和政策品質劣化之外，更容易造成「錢有兩戈，殺

傷多少忠良；窮只一穴，埋沒無數人才」的後果，使清廉賢能人士難以參政奉獻，損及國家命脈。

而家族企業其核心成員都是血親和姻親的組合，在血濃於水的情感相連下，更能發揮榮辱與共的凝聚力。另一方面，如果家族成員的器度不足，此種內在的團結，往往易質變成「肥水不落外人田」的排他心態，使企業的錢和權過度集中，因而員工較難分享經營成果，且無緣晉升決策層而離心離德。至於「王子犯法與庶民同罪」的凜然大義，在現代家族企業中更是稀有。

其實，錢和權之間未必存在絕對的共生關係。有錢者不見得有勢，掌權者也並不意味著能予取予求而致富。此一觀點，在社會上沉迷金錢遊戲，政治圈熱中於權力遊戲的發燒時刻，的確有正視和提倡的必要。

國人對金錢的價值觀有「錢能通神」的高度扭曲和「有錢能使鬼推磨」的過分膨脹。的確金錢可以讓人活得自信、充實而無憂，並賴以實現生活或事業的理想，但收入的多寡或財富的高低，難以作為衡量個人成就的參考標準。同樣地，一個有錢人之所以值得尊敬，在於其致富過程的努力和致富後所做的貢獻。

有權的道理依然如此，在民意高張的時代，權勢無法讓人呼風喚雨作為斂財、結黨營私的工具。權力的可貴，在於更有機會服眾人之務。

如果將金錢和政治，將投資和經營做有效地分割，國內目前的政經成就將不止於此。而過度熱中於對錢和權的追求，更是當前所有亂象的根源！

錢和權都必須取之有道，也都必須行之有理！

工作要懂得進與退的取捨

孔子見亂世綱倫不張，曾積極周遊列國宣揚儒家思想，並藉謀取官職以實驗和實現其治國理想。從總體歷史的眼光來看，如果當初孔子官運亨通且一直安於其位以終老的話，儒家思想對中國幾千年來的影響恐將徹底改寫。孔子的周遊、立說和傳道是歷史上「進」的經典範例。

「進」是勇於爭取出頭機會，敢於主動創造發展舞臺的積極表現。人才會遭受埋沒，除因時勢和環境等不同因素使然外，怯於表現、懼於進取，也常是無法出頭的一大緣由。

越國范蠡輔助句踐復國，期間雖歷經常人無法忍受的屈辱苦痛，但在打敗吳國重建越國王朝之後，立即攜美女西施下野，退居江湖經商，終成歷史傳頌的陶朱公。范蠡的激流勇退，非但保全性命且全身而退，更為歷史創下「退」的佳話。

「退」是自發性的讓賢，以免不識時務招致老馬戀棧之譏。長江後浪推前浪既是時勢所趨，居高位者培養接班人自為當務之急，如此，薪火得以相傳、生機得以延續，這才是「退」的重要意義所在。

可惜，列史上雖然提供許多成功的進退範例讓後人借鏡，但處在生態環境日漸複雜的現代，之所進退反倒顯得稀有而珍貴。畢竟，權力的滋味令人難以抗拒，一旦擁有又怎能輕易割捨？

在政壇的常見現象是：左支右絀地遮掩自身無能或失職以求保位、動輒以「倦勤」為由故弄玄虛，大玩以退為進的把戲、或以延長年限的厚顏行徑規避退休法律；再不則以關說或行賄的不當手段以求官進爵，乃至於買票賄選，做為進入議事殿堂的非法勾當等。種種進退失據或進退錯亂的病象，造成政壇的環境品質逐漸劣化，倫理價值觀更因而混淆不清。

在企業體內，如此不知進退或違反進退倫理的現象也屢見不鮮：為擔心傑出後進取而代之，刻意加以排擠壓抑；或無視於人才因高升無望而求去的事實，依然尸位素餐地流連高位不放；要不則是為了鞏固既得利益而結黨搞派系，造成封殺異己的對立衝突；乃至為求晉升而巴結上司，造成小人當道等，都是企業正常發展的致命傷。

知所進退，需要道德勇氣和豁達的心胸態度。人無法一世精明，因此有賴於後進的接棒，使國家企業永續發展。懂得退讓，是人格的一大步，又何必汲汲營營留戀目前的榮華富貴而不肯罷休，讓人唾棄而晚節不保呢？

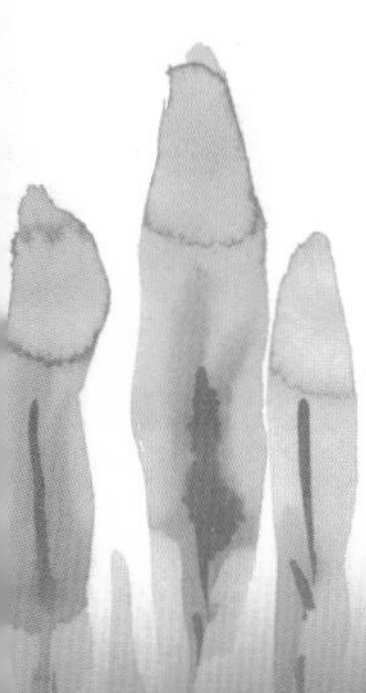

《輯二》
用心在生活

你對生活感到空虛嗎？
或是你覺得自己的生活沒有明確的目標？
你懂得觀察生活周遭的人事物嗎？
你知道許多行銷與創意的好點子
是可以從生活中得來的？

日本趨勢大師大前研一提出低智商社會的現象，主要出現的表徵是集體不思考、集體不學習、集體不負責的問題，他憂心如果這種低智商社會的現象蔓延，不思考的人愈來愈多，社會該如何前進生存？

廣告教父賴東明，用自己三十年的公益生涯結合職場與人生經驗，用創意，為生活、為朋友、為團體創造一幕幕的驚喜，啟動對生活的思維，為人生找到思考力！

在輯二「用心在生活」，一篇篇生活經驗的感動，從旅遊各地，匯集了諸多創意、行銷的好點子，他期許這些文化創意能傳承開創，讓臺灣各產業站上國際舞臺，激勵「是臺灣的，更是世界的」；他思考如何從小我進而關懷他人，變成大愛，他將偉大工程師八田與一與烏山頭水庫及後來日本扶輪社來臺感念的事件，串出一個愛土地愛臺灣的感動文章；他用行動證明，公益心可與生活結合，為生活帶來更多喜悅；在病老的年紀，他用樂觀的心，對抗疾病的苦痛；在大病初癒後，他用感恩的心，感謝親朋好友的關心，舉辦有創意又有意義的活動，讓好友倍感窩心。

賴東明透過旅遊、閱讀，觀察生活周遭小事，示範如何能為生活添加感動、如何簡單生活就能有小確幸。他認為，生活只要用心行事，即使像他已是步入年老黃昏之年，仍保有夕陽無限美好的希望。

體驗行銷：帶給顧客感動的小故事

購買商品時，若遇上優惠時刻，商品降價再降價，這種喜悅的心情，往往可讓消費者心情好上一整天，企業在擬定商品銷售計劃時，是否也該試著將「帶給顧客感動」，作為行銷的重要依據呢？

二〇〇四年年底，為了拜訪許久不見的兒子和金孫，我與內人搭乘華航班機前往睽違四年的美國。位子坐定後不久，一位空姐上前打招呼，除了表達感謝搭乘之意外，還說一句：「您愛看的雜誌，馬上送來。」

聽到這句話後，我感到相當驚訝，心想：「她怎麼知道我愛看什麼雜誌？」沒多久，兩三本雜誌已擺在我的面前，原本因長途飛行而煩悶的情緒，頓時煙消雲散，只留下感動。

人生在世，擁有的慾望無窮，但不外乎兩大類，一是生存的實質慾望，包括食物、性的慾望等，另一個則是生活上的虛擬慾望，包括歸屬感、期待自我實現，甚至是被旁人肯定的慾望。這次去美國，我很幸運地在沒有預料的情況下，滿足了各方面的慾望，特別的是，有許多都是來自於旁人帶來的感動。

旁人貼心的舉動產生感動的情緒

在美東的一個禮拜，由於機會難得，便請兒子開車載著我們夫婦倆，拜訪住在紐澤西州的樊志育教授。

樊志育教授是位資深廣告人，曾任職於臺灣的國華廣告公司，在位期間曾編輯《國華人》。這份刊物在一九六〇、一九七〇年代，是業界的代表性刊物，上頭刊載的國外新知、國內動態、廣告知識、活動實例，都是當年廣告人的「營養」來源。

儘管在事業上已擁有一片天，樊志育教授後來還是轉換跑道至學術界，先後任教於世新大學、文化大學，之後長期在東吳大學擔任教職，現定居於美國。他的學術著作包羅萬象，舉凡廣告概論、廣告製作、廣告媒體、廣告測試等，堪稱廣告界的一代巨擘。求知若渴的精神，讓他就算在美國，也不忘研究，與兒子樊震完成了《戶外廣告媒體》一書。這樣前進不懈的態度，著實令身為晚輩的我感動不已。

出發前，我問兒子，知不知道樊教授的家怎麼走？只見兒子聳聳肩，說聲：「不知道，但只要先設定，就找得到了。」然後從口袋拿出一臺掌上型電腦，放在方向盤前的位置，滴滴答答輸入幾個指令，沒多久，兒子就回頭告訴我：「可以出發囉！」

我一聽，內心半信半疑，不禁開始擔心，頻頻詢問：「設定的對不對？樊教授的電話、地址有沒有帶在身上？」但兒子仍然一副老神在在的樣子，將車子開上高速公路，這時掌上型電腦也出現幾條路線，還發出聲音指揮，頻頻說著前面幾公尺右轉之類的話，更神奇的是，只要車子一走錯路，電腦還會發出警告。

一路上，車子就在掌上型電腦的「指揮」下安穩地行駛，我們一家人在車上輕鬆地聊近況、談美國近年的轉變之類的話題。根據掌上型電腦預估，大約十五分鐘就可到達目的地。當車子安穩地停在樊教授家門前時，我看了看錶，果然一分不差，這才拋開一路的懷疑與不信任，開始欽佩這臺高科技的產品。沒想到，兒子回我一句：「爸爸，這是臺灣產品呢！」當時我的內心感動不已，差點喊出：「臺灣真行！」

由於這次去美國正值歲末嚴寒之際，天氣幾乎都在華氏零度以下，除了含飴弄孫及看書之外，根本無緣觀光。除了在媳婦陪同下，去各大商店考察通路，勉強算是出遊之外，生活平靜得可以。

這次考察，我去看了便利商店的CVS／Pharmacy、量販店的Costco、以便宜實惠著名的Wal-mart（沃爾瑪）、百貨公司裡的Daks、購物中心的Stamford Shopping Mall等。由於適逢感恩節之後的大減價活動，Macy's（梅西百貨）、Daks、Bloomingdales（布魯明黛百貨）都打折，真是「仙拚仙」的情況。美國感恩節後的折扣一向大方，有半價的優惠，不過，更優惠的折扣活動則是限量商品、限時段，甚至限數量，能否搶購得到，時機、運氣都很重要。

在Wilton鄉購物中心裡的「Lord&Taylor」百貨，我在西裝櫃上看到一件令人滿意又合身的西裝上衣，顏色是好搭配的灰色，材質則是小駱駝之細毛。

標籤上標示原價美金五百元，折扣後變三百元。我看著價格，內心盤算著是否該下手，這時內人拍拍我的肩膀，暗示我不要再考慮，在臺灣怎能買到如此價廉質優的上衣？

前往收銀臺結帳時，正準備付三百元，店員卻說只要兩百元，當場驚訝地不敢相信，我怕自己聽錯了，還問：「確定是兩百元嗎？」對方有禮地回答：「這個時段再折扣一次！」原本已對三百元的價格滿意不已，沒想到還可以更低的價錢買到，真是一個令人感動的「意外」。

這幾天旅途發生的事，令我開始思考，由於與親人許久不見，內心湧起一種「歸屬的慾望」，於是前往美國探親；在飛機上，在華航空姐的貼心服務下，「被肯定的慾望」不其然的實現，產生了感動的情緒。而到達美國後，遇上百貨公司大減價，以超級優惠的價格買到中意的衣服，還有見證臺灣產品高科技的一面，更令我感動於現今科技日新月異的進步，掌上型電腦除了記事之外，還有導航功能。

我想，在人生的旅途上，人人都會遇上這樣的情況，因為旁人貼心的舉動，產生感動的情緒，進而填滿人生的種種慾望，尤其當慾望滿足的程度，遠遠超過預期時，這種感動更是筆墨難以形容。

體驗行銷
來自顧客感動

近來，「體驗行銷」理論成為熱門的顯學，鼓勵企業在推銷商品時，應將顧客的「慾望」列入首要考量，也就是說，在標榜商品的功能及價格前，先設法讓消費者使用商品，讓「被服務的慾望」獲得滿足。由此看來，甚至可將「體驗行銷」稱為「感動行銷」，行銷之目的，不在使消費者去體驗商品或服務，而要使消費者引起感動。就像筆者這趟美國之行，沿途歷經華航空姐的服務、臺灣產品的高科技導航功能、還有「Lord&Taylor」的優惠價格所帶來的感動，都是事先沒料到的，所以得到的驚喜與滿足也更為深刻。

再提供另外一個例子，當我在考察通路時，沿途經過一家Discovery的專賣店，看到一項新奇的商品「Pen Radio」，它可讓消費者在寫字時，同時收聽FM廣播，我一時好奇，立刻掏錢買下來。

當天晚上，我迫不及待的拿出這支「Pen Radio」，在兒子家邊寫信邊聽音樂，對這個產品相當滿意，不料，要就寢前，我拿下耳機，大卻發現耳機套壞了。當場滿意的情緒消失，取代的是懊惱的感覺，大嘆「便宜沒好貨」。媳婦見狀，建議我去換貨，但我心想，這產品的價格美金十元有找，且原來那家購買的商店，離這裡足足有五十分鐘車程，大老遠跑一趟實在不划算。不過，後來我到紐約市區觀光，又再度發生令我感動的事情。

當天我把「Pen Radio」帶在身上，抱著姑且一試的心情，希望能在紐約街頭看到Discovery的專賣店，但心裡並不認為真的能換到貨。後來，我的小小期待實現了，紐約中央車站的地下商店街裡，正好有一家Discovery的專賣店。我低聲下氣，怯怯地對店員解釋狀況，詢問是否可以換貨？店員看看壞掉的商品，一聲不吭就馬上去後頭找相同商品，不一會兒，新的「Pen Radio」已經在我手中，沒想到真的可以換貨，這樣的好運，不禁讓我感動起來。

由於店員並沒有檢查商品是否真的壞了，也沒有要求出示購物收據，只要有貨就換給我，令我開始猜想，是否因為「Discovery」是家連鎖店，任何商品只要有瑕疵，就可在任何連鎖店更換，我想，這就是Discovery連鎖店的信譽！這樣的情況與臺灣「貨品既出，概不退還」的情形是大相徑庭，難怪我會有這樣受寵若驚的感覺。

從上述幾個情況來看，我認為，行銷的目的在於滿足消費者的慾望，進而讓顧客對商品產生深刻印象，而這種慾望，則是讓消費者在購買的過程中，感受到意外的驚喜。讓消費者感動，才是「體驗行銷」的真諦！

幸福感在旅途中
與傳播經理人的東京遊記

下飛機後就坐專車前往吉田秀雄東京廣告博物館，為的是參加展覽四星期的臺灣廣告作品之閉幕典禮。下車步行至館內時人人皆喊凍僵了。

坐上車往旅館時，有人問可否買到暖暖包？高導遊說沿途無藥店可買，但旅館附近有一家UNI牌的店，相信可買到暖暖衣。團員中有一人回應曾穿過此牌的暖暖衣，又輕又薄又暖和。由於有人提及對此商品的好感體驗，隨後就有團員央求導遊晚餐後率團去購買暖暖衣，不計較金錢是否多支出。

經營就要懂得滿足顧客需求

當時正值元月，東京夜晚約攝氏七度左右，穿著厚內衣、毛內衣的南國人抵抗不了北方都市之寒意。一人倡議去買UNI牌暖暖衣，眾人就追隨，加上一人說曾用過且滿意，眾人就感應，於是「流行或體驗行銷」就此形成。

UNI牌的化纖內衣確實如其口碑般優質，至於店頭服務如何，從一事可見端倪。筆者另依身材尺碼買了一件襯衫，回旅館穿後發覺袖子短了點，寬度則緊些。同團而旅日甚久的李博士，建議在日本買外衣要加大一號，才適合臺灣人需要。於是隔夜餐後導遊自告奮勇前往該店，要求更換大一號。高導遊非購買者本人，只帶去收據，就換得另一件大一號的襯衫。拆封穿之，果然身寬袖長恰如本意。讓客戶方便地更換買錯之商品，該UNI牌店家真是做到了「顧客服務」。

UNI牌商品均按尺寸號碼由顧客自行按身材選購，是故，購物者須了解自己的身材，方不致購錯衣物尺寸。另在一家坐落於銀座的M店購衣，則是選自己喜歡的衣物材料、花色、款式、價錢後要求試穿或量身，店家欣然應允，並提建議，此衣合身至極。

店面經營以上述種種型態來滿足顧客，前者是購物者自助，後者是購物有人助。前者靠自己的眼光，過去體驗；後者依賴店家的專業，累積經驗。

在銀座M牌店家不遠處，有家以羊羹和菓子聞名於世的虎牌店，此店據聞有三百年歷史，是皇家御用店。曾於去年夏天在此吃到紅豆綠茶口味的混合剉冰，迄今不能忘懷。於是在團體集合時間未到前，邀了五位已採買完畢的團員進店，想欣賞或分享一年來忘不了的紅豆綠茶剉冰。誰知不逢其時，店員說該商品只有夏天才供應，現無此貨，聞之悵然，乃從二樓走下欲出店門，該店穿黑衣的經理及時從樓上跑下來，站在吾等面前致意說：「非常對不起，讓你們失望，請你們明年夏天再來。」該店經理像失望而去的顧客致歉，應是一種待客禮貌。團員體驗到了日本的商道內涵。

「沒勿體」別剩餘而成浪費

這一團是由國際行銷傳播經理人協會所組成。其赴日目的，在參加臺灣廣告作品於東京廣告博物館的閉幕儀式，並參訪二家行銷傳播公司、二家活動協會、二位活動振興專家。參與者有廣告人、藝術家、銷售人、媒體人、會展人等。

在前往參訪時，有位團員忘了將皮包帶出旅館房間，必須回頭去拿，包車司機一聽馬上反應：請先電話連繫旅館說明實情，等送大家到參訪企業後，再馬上專送當事者回旅館尋找。包車司機如此機靈地提出對策，車上團員皆佩服其服務的熱忱。包車司機先送眾人到達目的地，而後謀個人所生問題，實符武士道教訓，也合經營學之理論。

此團係由行銷傳播的研究者所組成，為研究而走進日本的相關企業且深受歡迎。當走進其屋內就有一種感受，那就是外凍內暖，問其室內溫度調到幾度？所獲回答不一，但總離不開攝氏二十度，以求節能減碳。可見行銷傳播研究團所訪問的均是環保企業。所幸能置身其中而聆聽其行銷傳播有關的策略、成果等之體驗。

與攝氏二十度上下的室內溫度媲美者，是一進其為團員所準備的會議室，就見會議桌上已擺放著文件資料，又有一瓶溫水或溫茶，旁邊備有紙杯，實在佩服訪問企業的用心體貼，意味來客請將水或茶由瓶罐倒進紙杯再享用，喝不完者，企業員工會再分享，真是愛物節用的公司。

反觀在臺灣參加會議，冬天仍常見冰冷的瓶裝水，散會後只見會議桌上留下未喝完、沾有口水的瓶裝水。過去還常見到被人吃一半的蛋糕、水果留在會議桌上，實在很浪費、可惜。

曾在二〇〇四年得到諾貝爾獎的肯亞娃嘉莉・馬泰女士，是因植樹運動推廣而得榮譽。在她所著書上曾寫到，去日本訪問時學到一句話——「沒勿體」，其意為：別剩餘而成浪費。實際所看到的是「日本人將垃圾減少，將有限資源重複使用」，所謂「再生」就是「沒勿體」，則資源保護之力量將會擴大。她要將日本惜物的「沒勿體」心態，以聲音、以行動，向世界發出。

肯亞的馬泰女士因受日語「沒勿體」之啟發，而推廣植樹的環保運動，因而獲得諾貝爾獎，令人欽佩。筆者在企業參訪或到餐廳用餐時，亦常見日本人惜物之「沒勿體」行為，此後應時時心記資源之有限而惜用。宜將自身體驗，在企業訪問上獲得的最新行銷傳播知識、經驗，及其惜物憐人之博愛表現傳播出去。

匿名贈書包、一張小卡片 處處傳遞人間溫暖信息

在四夜五天的東京之行裡，日日接觸傳播媒體，因此，日本當時發生之大小事情都被吾等外籍團員所悉。印象最深的是，有家日本孤兒院在學期開始時，常收到自稱「伊直達人」贈送的書包。「伊直達人」是漫畫中的主角，是一個濟世救人的角色，此事經電視臺報導後，

日本各地的孤兒院，風起雲湧般陸續收到「伊直達人」捐贈的書包。

「伊直達人」應是隱姓埋名之善人，另外有些善人不管孤兒院喜歡或需要與否，在日本不同地區捐贈食品。雖是隱姓埋名之善舉，卻苦了孤兒院，因無法確知其製造日期且無法去信道謝。不同的「伊直達人」在不同場地對孤兒院做善行，實令人感動、佩服。

除了在報紙上看到善行的報導，亦看到報紙免費刊登日本公益廣告機構所委刊之公益廣告。此行五天在報紙上看到四則日本公益廣告機構之廣告。

其一：「不知姓名的父母，將讓女孩變成高中生。請大眾捐款以支持幫助失親的學生升學。」

其二：「一直想著的情景、物品終於看到了。請捐款給基金會，讓更多人看見人間的喜悅。」

其三：「用你的手撫摸小孩，這種簡單不過的動作，會讓小孩感受親人的關懷。別忘記，你的手會傳達很多信息、很多感情。」

其四：「每次打招呼問安，都會增加朋友。會打招呼的小孩會聚集夥伴；會打招呼的小孩會受人喜愛。問安是魔術語言，請開口問安吧。」

日本報紙免費刊登勸人為善，力求和諧的行銷傳播信息，實值臺灣眾多媒體學習。

後來，在伊豆半島的銀水莊大廳，也發現桌上有一份報紙，乃拾起看新聞，卻在新聞欄下見到半版廣告，主題是：徵求幸福新聞。內文大意是：在每日生活中閱讀新聞，有讓你認為最感幸福者，請寫下其理由來投稿。這是日本報業協會的廣告，公開徵求幸福新聞，可見幸福被當成新聞者鮮少。

除了報紙大篇幅廣告能傳遞人間溫暖信息，即使旅館內一張小小卡片，亦能傳播旅館主人誠意。

住進伊豆半島銀水莊房間，在黑色桌上一角，現入眼簾的是一張紅色小卡片，金字印在其上，是旅館主人的致意歡迎，讀之至感愉快，是用吾等看慣的正體字，慰問吾等一路辛苦，祝福吾等過得愉快。臺灣貴賓受到如此歡迎定會頓失疲勞，而深感銀水莊之待客誠意。

天寒地凍時嚐山葵冰淇淋 嚐鮮讓生活別有一番滋味

入宿銀水莊一夜，泡了溫泉，翌日前往伊豆半島天城嶺一帶。在

行前說明會上，保保旅行社的高導遊介紹伊豆半島是個令人嚮往的地方。吾等逛過土肥的金山展覽館，看了過癮的巨大金塊，買了會招來幸福的鍍金草鞋，吃了金箔灑在生魚片上、白米粒上的箱膳，雖然因風浪大而穿進不成堂之島的天洞，但也來到了天城嶺。

天城嶺是川端康成所寫的小說「伊豆之舞孃」背景地。舞孃是走唱團員之一，彼等走在天城嶺上而與無為徒食的大學生相遇。就在天城嶺的一段山路上（現名為舞孃之路），兩人互憐互惜，譜出一段淡淡的愛情。想著此一故事，看到小店旁的大學生與伊豆舞孃銅像，不禁佩服天城嶺居民有商業頭腦，以虛構小說中的虛擬人物塑成實際銅像，以著名故事吸引遊客前來。

從兩人銅像延著石階往下走出谷底，可看到一條白線猛地從嶺上瀉下，水流入處有山葵，顛覆了臺灣在山上種山葵的思考。真是不經一事不長一智。

石階很難走，好在團員會搶著或輪流拉一把、扶一手。處處享受到敬老之表現，心中至感幸福。

走過石階，坐在木椅上，望見前方有人販售山葵冰淇淋，因好奇所驅，乃請團員吃之。冰淇淋有淡淡山葵味，不嗆鼻。人人珍惜在天寒地凍的天城嶺上品嚐淡淡山葵味的冰淇淋，這是人生第一次體驗山葵冰。

小店鋪女老闆指著銅像說：「是他讓我們可過生活。」不知是戲言，還是真言？但人生不就是虛幻中的真實？不虛幻的人際關係中，是人在追求真實。

偶然東京三日遊
牛肉和蟹肉拼成的滿足

五個人進店各點了一盤牛肉及一盤北海蟹肉，穿著和服、笑容可掬的小姐回應：「太多了，一個人一盤牛肉與蟹肉的拼盤就夠了。」人人稱讚這家涮涮鍋店有良心。想再點酒助興，乃要五杯威士忌酒，小姐答：「以杯計算不划算，不如買一瓶」，擔心喝不完太浪費，於是與小姐商量，可否買一瓶威士忌酒，喝不完可帶走？小姐答：「喝不完的酒，本店可買回。」真是顧客導向的餐店。五個人皆慶賀進了家好店，該店是位在六本木的東京名店「瀨里奈」。

之所以來東京，是要參加東京惠比壽扶輪社的創立十五周年慶典。緣由是臺北北區扶輪社獲得東京惠比壽扶輪社之著作權授與，在臺北出版了臺灣版《寶貝，別掉入網路陷阱》。該書譯印成冊，要分送給臺北市三區國中、國小時，獲得教育部長吳清基之蒞臨來主持贈書儀式。贈書儀式盛況曾報告東京惠比壽扶輪社，該社來函表示感謝與欣喜，並言是其社區服務邁向國際服務之第一步。

寄來的請帖是使用一九七八年的日本郵票，東京在一九七八年曾舉辦國際扶輪年會，盛況空前，令人感動得回味無窮。如今，惠比壽扶輪社將保存甚久的郵票拿來使用在十五周年的請帖信封上，真夠令人感動。

在飛機上看到臺灣品牌飛向國際與有榮焉

說到邁向國際，此次旅遊首先感動的，是本土品牌威士忌酒「噶瑪蘭」已在華航班機供應，飛向國際了。出品該酒的金車飲料公司在臺灣有其品質、值得信賴，願它旗開得勝於國際市場。

在機艙內，除了喝到臺灣製造的香醇中帶點辛辣的噶瑪蘭酒外，又從日本報紙廣告得知，日本又有一種新米出現，而將與文明甚久的新潟縣越光米在食米市場上供應日本顧客。該廣告上的新米名為「艷姬米」，產地是山形縣，由日本著名女性評論家阿川和子做代言人。新潟的越光米已進入臺灣市場多時，臺灣米與之有所競爭。今後，若山形縣的「艷姬米」一來，臺灣米勢必更加艱辛，該去深思新的行銷策略。

東京惠比壽扶輪社出版其《寶貝，別掉入網路陷阱》漫畫，當初的策略僅是出版日文與英文版而已。但當其接到臺灣的華文版，社長就在十五周年慶典上宣布，漫畫的出版將會增加西文版、葡文版等，而使漫畫出版的國際策略擴大。正如書田醫院陳醫師說：「臺灣版給惠比壽扶輪社刺激，是好事。」好感動的評語。

令人眼睛一亮的東京地下鐵商店街使乘客感動後再行動

在東京三天的小遊中，有好些小事令人感動而值得回味。

所住旅館在早晨有分送報紙到各房間。在東京不需要國際性報紙，乃與客服人員交涉，可否改送當地報紙。當場獲得更換，翌晨亦送來當地報紙，可見旅館的業務連絡制度很上軌道。

其後去問路，客服人員不厭其詳地再三說明。先取出一張地下鐵地圖畫線指引，再拿出一張JR線地圖，其三又取出地面地圖為旅客指點，實在是親切至極而令人感心。

東京的交通便捷，但複雜狀況實非不常住者所能清楚。距離旅館走路不到三分鐘的路程，就有新營運的地下鐵（其實有一半在地上），名為「大江戶線」，是一條圍繞著東京都的環狀線。另有一條小環狀線叫「丸之內線」，可繞東京都心。東京都當局經營此二線頗費心思，今夏曾不定期、不定車引進魔術表演，常使乘客驚訝感動。

使乘客敬佩而感到方便者為民間經營的地下鐵之車站店街。過去商店街位於地下道兩旁，乘客為了趕車，經過時心情多半緊張；現在位於地下車站內的商店街，規劃完善，可讓乘客在等車時輕鬆地逛街，二者購物心態有所不同，感動後再行動之心理也有差距。

Sky Walk、晴空塔、東京國際機場 貼心規畫，將地方性建築變成國際性觀光勝地

由旅館可走地下道去地下站乘坐地下鐵。林姓社友住東京甚久，常帶領吾等走地下道。地下道雖行人較少，但非常明亮、異常乾淨。日本人習慣走地下道、乘地下鐵、在地下街購物，儼然像地鼠。

東京有地下道，惠比壽花園廣場則有Sky Walk。由惠比壽地鐵站到惠比壽扶輪社慶典場地，不必辛苦爬梯走路，只要一腳踏上滾動往前走的電動步道Sky Walk，就可被運輸到惠比壽花園廣場。

此行也看到了正在興建的晴空塔（Tokyo Sky Tree），其高有六百四十三公尺，將來供應電信給東京都會區。雖然興建工程尚在進行，然而日本人已以它為主角或題材展開各項活動，如攝影比賽、徵求吉祥物設計、吟詩比賽等。如此一來，晴空塔之知名度會愈來愈廣。

晴空塔經過活動之舉辦、傳媒之傳播，將使一個地方性建築物變成全國性之寵愛。正如東京機場，本只是國內機場，但因可供二十四小時飛機起降，並提供英語、韓語、華語、法語等四種語言之服務，故東京羽田機場已變成日本之代表性航站，不再是國內機場，而搖身變為國際機場。

在東京國際機場的四樓，有外國人看來別具一格之商店街，名為「江戶小路」，售的是食品，賣的是用品。有幾家地方小店擠身在江戶小路的店群中，而由地方品牌躍升為國際品牌。其中以「Maker's Shirt 鎌倉」最引人注目，其店員全是身材高挑的年輕女性，女店長還充當模特兒著襯衫拍攝，顯示襯衫適合女人穿著。銀座有名的老店「伊東屋」亦在江戶小路設店，銷售日本傳統文具，頗具異國風味。除了來自國外的觀光客，日本居民也會造訪，機場是交通樞紐，亦是觀光勝地。

偶然的巧合漸連結成線讓感動延綿

此次來東京實是偶然，偶讀日本報紙，偶見東京北扶輪社社友來例會，偶知社區服務主委之來年的服務計畫等，漸漸地，偶然連結成線，於是東京惠比壽扶輪社的《寶貝，別掉入網路陷阱》日文版，經過七個月的偶然，譯成中文版於臺灣出版，而嘉惠臺灣的國小、國中生。

惠比壽扶輪社在創立十五周年的慶典上，送給四百多位與會者的禮物是餅乾一盒。可貴者是餅乾上有一枚和菓子，和菓子是日本名品，形狀是扶輪齒輪，其上刻有紀念文字。不知此齒輪形狀是手工刻出，還是壓模製成？如果是手工，真佩服其費時，如果是壓模，則稱讚其有稜。望之，感動良久而不捨得品嚐。

清早在東京人行道上散步時，美景不斷映入眼簾，不經意的一瞥，竟看到難得一見的禁令廣告。如「此黃線屬於視障者，不得放置物品在線上」，「不得邊走邊抽菸」等。東京都政府把人行道變成廣告媒體，推行政令，實在眼光獨到。

總之，三天的東京小游，遇到氣爽時節，人也爽；看到周年慶之樂，人也樂；《寶貝，別掉入網路陷阱》漫畫出版於日本，而授權譯印於臺灣，人更樂。樂得時時處處皆能產生感動。

年冬歹歹總要過
動起來就能破運轉途

在二〇一三年歲初之際，偶然翻閱一份日本舊報紙，發現二〇一二年底日本有些活動很具啟發性，將其披露以分享讀者。

好活動能喚起元氣
同時召來眾人、吸引事業

日本新聞協會在二〇一二年終前舉行了發表會，將其選拔的「報紙廣告創意競賽」結果，通知大眾。得獎作品有：持續篇、日本要沉著冷靜篇等。當時日本因二〇一一年三一一的地震、海嘯、核害等三災影響，氣氛仍有些低迷，但參加發表會的人士都認為，一年來日本民眾以沉著冷靜的態度，漸漸地走出陰霾，今後也會以積極的態度，持續重建復興工程。

電通集團則舉辦了二〇一二年度「今年話題、焦點商品」消費者市場調查。被消費者選出的商品有：智慧型手機、東京晴空塔、機器人清掃機、AKB48、倫敦奧運、廉價航空公司等。在此發表會上，電通公司指出，消費者有「自我更新」傾向，已漸漸脫離災後的緊縮消費態度，而走向及時享樂態度。因此，智慧型手機、環保汽車、機器人清掃機、個人卡拉OK機等將會有更多市場機會，購買這些商品的消費者也將走進「自我更新」的年代。

利用活動方式的記者會或發表會來散播信念，常是簡便的行銷方法。東京車站二〇一二年年中改修完成，為了讓眾所周知，乃舉辦了一週的投影照射，展開了光彩華麗的表演。

表演以整修過的車站牆壁為螢幕，投射燦爛奪目的映像。因表演正值耶誕節前後七天，溫暖了每天超過百萬的過路人、進站人、乘車人的心。東京車站成了七彩絢爛的活動平臺。

在上述活動展開前不久，日本文化審議會建議日本文科部將東京鐵塔燈列為建物之有形文化財。

東京鐵塔較東京晴空塔老舊，建於一九五八年，高三三三公尺，目的是做為電視臺、廣播臺之轉波塔。登錄為有形文化財的原則是建造超過五十年，有助成為歷史景觀，何況東京鐵塔常是電影拍攝平臺。

之前三一一災區的災民也在自強奮發下，樹立了燈彩圍牆，恢復了災前的社區著名景觀，彼等希望這燈彩將是復興活動的一種象徵。

反觀臺灣，超過五十年的建物有：總統府、監察院、臺中車站等，均是可登錄為有形文化財的歷史景觀，也可思考透過活動的舉辦，活絡歷史，再造趨勢。

日本活動學會之前在災區的仙臺市舉辦一場大會，主題是「心靈的復興與活動」，其中一個分組討論主題是「以活動喚起元氣、召來眾人、吸引事業」；另一分組討論主題則為「復興與國際活動」，而該學會理事長堺屋太一則為此主題主講者。

堺屋太一是前任日本企畫廳長官，從事許多國內外的會展活動。而與臺灣活動發展協會有亦師亦友關係的福井昌平先生，則應邀參與討論「復興的國際活動之意義及實現」的子題。該活動包含了講演、討論、發表、展覽等。東日本正在復興，雖因輻射殘留問題而慎重進行，然這場研討會在災區，民官代表等匯聚一堂，相信有助於復興之快速推展。

《讀賣新聞》年度選書活動影響力驚人

《讀賣新聞》在日本是發行份數最多、最具影響力的媒體，該報有「讀書委員會」，年中固定舉行讀書會，由讀者和作者互相介紹有益人生的書籍，年底則投票選出最優秀或高人氣之書籍。二〇一二年投票選出的年度書籍是《聽的功力》（臺灣出版譯為：阿川流傾聽對

話術），二〇一二年年底銷售更是突破百萬本。

該書作者為一位女性記者阿川佐和子，書中談及作為記者，如何去採訪與傾聽受訪者的信息內容，或藏於內容背後之原由。該書告訴讀者：聽是被動的、問則是主動的；要在傾聽中找出問的題目，才能圓滿完成採訪的作業；亦即要化被動為主動。要在傾聽中找出問題，則平時的自我充實是不可或缺的。

除了佩服阿川佐和子能將《聽的功力》寫得如此精彩，也感佩《讀賣新聞》重視讀書風氣，讀書、選書是該報社之重點活動。此書在臺灣應適合人人閱讀，以養成聽取別人意見之能力。尤其是為官者，彼等的聽取能力稍有不足，實該學習此書之內容。

電通集團
擅長以活動創意吸引目光

在二〇一二年末，電通發表了年度活動「大眾媒體功勞者」名單，包括彰顯對廣告有功勞者七位、對報紙有功勞者七位、對廣電有功勞者四位，將舉行公開表揚活動。電通公司舉辦這種表揚活動已超過九年，獲得表揚者將會分別刻名在「和平群像」、「自由群像」、「幸福群像」等三個彰顯紀念像上。

表揚名單在臺灣為人熟悉的包括廣告類的三得利前會長鳥井道夫、電通公司前社長木暮剛平、索尼公司前會長大賀典雄、電通集團前會長成田豐；報紙類有共同通信社前社長齋田一路、日本報社協會前會長渡邊誠毅；廣告類的日本電視公司前會長佐佐木芳雄、日本電視廣播網兼日本廣電聯盟前會長氏家齊一郎等人。透過這種表揚活動，電通公司為業界、為社會留下令人追思感念、思賢奮發的對象和事蹟。

由電通主導的「二〇一二富士山國民會議」也在年底展開，此會議把握富士山在二〇一三年可能被登錄為世界自然遺產的機會，預先討論富士山一旦被登錄後的公關發布、教育啟發、募款活動等，欲以富士山帶動日本走向元氣的未來。（註一）

此會議討論的有「設立官民一體的保全管理」、「清掃富士山環境」、「募款活動的企業與社團之目標」等。國民會議是一種企畫性的、全國性的預算性會議活動。當二〇一三年富士山取得世界自然遺產的登錄，就會有官民一體的社會性活動。提到爭取富士山登錄為世界自然遺產，就更思念電通集團前會長成田豐；他是電通集團中以活動創意促進廣告業務的老行家，在世時曾大力推動此一世界性活動。

每思及此，不禁鼻酸。

上述活動有些是做結算，有些是預謀；有些是靜態，有些是動態；有些是閉鎖，有些是開放；但不管如何，均欲使人感動。

活動可激勵人心
促進銷售、凝聚社會共識

石卷市是三一一震災的受災區，有家日本料理店為振奮人心，乃舉辦新歲料理品嘗石卷特產鮮魚活動。雖與自家營業有關，但在新年歲初舉辦特產鮮魚品嘗活動，令人振奮，吸引了志工前來幫忙。受災店家努力提供新年珍味，值得人人學習。

與石卷市隔鄰的福島市，則在二〇一三年初舉辦了「餃子博覽會」，全國共有二十八家店來參展，熱鬧的料理表演是讓六百五十個

餃子一齊在一個鍋中熱燒，持續不斷的來客見此都不禁大聲歡呼。

除了「餃子博覽會」外，還舉辦了「新米祭典」，目的在以祭典說明福島米可安全、安心食用。來客個個購買了三十公克裝、十公克裝的福島米滿意地離去。

而在東京，多家百貨則展開購買「福袋」活動。福袋內裝的商品是未開封前不知的謎。福袋內的謎樣商品有：京王百貨店的卡通片「世界名著戲場」；三越銀座店親子同享的「漫畫」；高島屋百貨店的「購物體驗」；東武池袋店則推出「東京晴空塔十分鐘票」等，不一而足。可見福袋裡不再只是裝著實體商品，而可能放進無形的體驗商品，福袋主角已變成「體驗」了。

正當福袋購買活動在東京都熱烈推出時，東京都也透過記者會發表，將舉辦一連串爭取二〇二〇年在東京舉辦國際奧運的活動。例如將雅虎日本與社群媒體納為伙伴，並展開「快樂公約專案」，邀名人或奧運選手發表快樂公約。曾獲得倫敦奧運摔角項目金牌的選手吉田沙保里就宣布：「如果能爭取到東京奧運的主辦權，八年後，即使被阻止，我也要參加。」

東京都知事豬瀨直樹等許多知名人士均發表了各自獨特的快樂公約。這一公約活動將展開至二〇一三年九月七日止。以社會領袖人物來發表公約，期望匯聚全國七成民眾贊成爭取二〇二〇年奧運在日本東京舉辦，真是一項有創意的活動。國際奧林匹克委員會應會感到日本人的熱情。（註二）

爭取奧運來東京舉行是一種長期而辛苦的活動，而日本國土交通省的中央機構所主辦的全國都市綠化展覽會，則是闊別二十八年才輪到東京都舉辦。這次主題是「綠風會吹貫東京」。

綠風如何吹貫東京？都政府在上野公園、昭和紀念公園等六地設立主會場，展出「多樣文化與藝術之風」、「交流之風」、「彩繪都市的生命之風」等主題。

而在全國都市綠地展覽的活動上演之際，由產業環境管理協會與日本經濟新聞臺合辦之「環境展示會」也接續登場。該展示會主題為「更綠、更帥——來選擇未來」。參與更綠、更帥的企業有永旺集團（AEON）、東芝公司、京瓷公司、富士全錄公司、NTT通信公司等。由上可知，官民分別在新年度展開各項活動，以衝破舊年黑暗環境，找出今年光明景象。

總之，年冬歹歹要渡過，活動是破運轉途的一種方法；而逢新見喜，活動又是尋找新機的一項切入點。日本人在二〇一二年底選出自民黨重新執政，表現了去舊俗，轉新象的決心；又在二〇一三年初看到新總理安倍晉三之各種新政策，感到新年將有新氣象。新年新氣象的大小型、官民舉辦的活動也持續出籠，有助其延續力、轉換力的生生不息。

註一：二〇一三年，富士山成功入選聯合國教科文組織的世界文化遺產名錄，正式名稱為「富士山——信仰的對象和藝術的源泉」，成為日本第十七處世界遺產。

註二：日本東京已取得了二〇二〇年奧運主辦權。

融合人文與自然：奈良人的親切心

西元七一〇年，日本倭之國的元明天皇，因為饑荒、疫病，為了消災納福，於是將京城從藤原遷移到平城。

這就是奈良時代的開始，雖然只有八代天皇，但平城京的奈良時代卻創造了輝煌的日本歷史。

平城是日本第一個正式首都，當時建造了東大寺，使佛教盛行；正藏院的興建，收藏了來自各地的文物。日本在一千三百多年前就有了民間歌謠之流傳，相關歷史與地理書籍的出現。奈良人為保存古文物，讓今人緬懷古人功績，就在平城舉辦了「平城遷都一千三百年紀念活動」。

二〇一一年五月五日國際行銷傳播經理人協會的考察團前往奈良古都。特別請來平城紀念活動的總策劃師——福井昌平來導覽。他的親切講解讓大家都更親近了奈良。

在五天的考察裡，我們彷彿走進了一千三百多年前的平城及奈良，在古今間穿梭，也參觀紀念館及美術館，體驗奈良人的「親切心」，也感受到「以客為尊」的榮耀。

活動吉祥物 具地方特色

平城遷都紀念活動的吉祥物——「遷都寶寶」，由佛面、人身、鹿茸所構成。奈良佛寺中以野鹿著名，以鹿茸彰顯地方特色，並採各種立姿、走姿、坐姿、躺姿、拜姿等，可愛至極。遷都寶寶有十足親

和力、可愛感。

平城遷都活動，有古物復原與活動兩大類。古物復原方面，有平城京的朱雀正門，平城宮的大極殿，和遣唐使船；活動方面，安排有全年的平城京歷史展示、遣唐使船甲板經驗、天平之旅，還可以尋訪平城宮遺址、春季花卉展、夏季燈光展，以及秋季平城京表演等。

古文物保存 現代人之福

在京城正門的朱雀門後，盡入眼簾的是五顏十彩塊塊拼湊而成的花圃，這些都是奈良當地小學生栽培的鮮花作品。

活動總策劃師福井昌平說明，這塊花圃與鐵路後面的廣大綠地下三十公分，埋藏了一大片堪稱為世界文化遺產的寶物，埋有奈良時代天平文化的古代文物。

大會接待小姐親切地遞上中文版的會場簡介，簡介文宣有日文、英文、中文，其中文還有正體與簡體版本，可見服務人員訓練有素，眼尖手快。

我所參加的考察團，是本次平城紀念活動開幕以來的國外首發團體，途中均有大會議典長山田貴文、公關室長宇堂清治與該部門三位紅衣小姐隨伴在側，他們對與會人員親切地服務，讓我們體會到被重視，待之如上賓的感覺。

用心規畫活動 親切招待來客

主辦單位花三年時間說服政府單位，又花三年考證古蹟，又以三年復原建設，總算完成了今天所看到的平城遷都一千三百年紀念活動。

參觀平城建物時發現，其對行動不便的遊客體貼入微，如東大寺、典福寺、藥師寺、唐招提寺等，都體諒不良於行的參觀者，備有斜坡，方便輪椅行進。內人坐在輪椅參觀完全沒有障礙，體驗遊玩的樂趣與常人一樣，心中歡喜得很。

現在復原的朱雀門、大極殿、遣唐使船等都已經是永久建築，會在當地繼續留存。而在會場內的飲食店、紀念品店、休息場等，都是臨時建物，在年底活動結束後就會被拆除，另外移作他用。這些臨時建物使用木材建造，而這些木材都是取之於奈良縣境內，而木材都蓋有鐵印以茲證明。

參觀平城遷都紀念活動。讓參觀者感受到奈良人是以「親切心」為基礎來辦理活動，他們「對客人親切」、「對地親切」、「對古文物親切」、「對來人親切」等，活動期間，每天都有四萬人來參加，不收門票，也是另一種親切！

寧靜街道內自在散步 別有一番思古之幽情

走出復原自一千三百年前的平城京，走進四百年前原本就有的奈良町。奈良町是一塊住宅區，高達二層樓的木造房屋櫛比鱗次，道路狹窄而彎曲。一行人在寧靜和平的街道內自在地散步，別有一番思古之幽情。

看到了有一百年歷史的酒廠「春鹿酒藏」，喝了五杯青心甘醇的清酒；還發現有著百年歷史的「豆腐庵」，晚上就在這裡享用全套豆腐料理，暢飲有著一百二十年歷史的惠比壽啤酒。

隨後來到大山崎山莊的美術館，這一間美術館由朝日啤酒公司（Asahi）贊助。該館保有原本的屋形，只是將屋內隔間修築而放置古今中外美術品，單就個人收藏家來說，收藏品數量堪稱豐富。從館內陽臺眺望當地一片生氣蓬勃的平野，心曠神怡，而在陽臺上啜飲咖啡，聽莊主的辛苦奮鬥歷程，也頗具啟發。

心有多大
館就有多大

其後造訪滋賀縣的MIHO博物館。該館位於山腰間，館分南館與北館，是由貝聿銘設計，小山美秀子建造。小山美秀子在簡介小冊中稱呼自己為：「是個平凡女性，只想將三個小孩養得健健康康的母親」。

一名平凡的女性能建造如此宏偉的博物館，讓所有參觀者感受到親切感與震撼。白色博物館在綠色山腰間，如詩如畫，整個建築物溶入天然景觀之中。

繼續前往東大阪市參觀名聞遐邇的作家司馬遼太郎之紀念館。進入館內，大夥兒都十分驚訝此處藏書豐富，館內的書架甚至由地下三樓聳立到地上三樓。

友人呂義良住在東大阪市，行醫已有四十年之久。據他指出，這棟紀念館本來要蓋三層樓高，但考量地處住宅區，若是過度突出於其他建築物，會破壞四周景觀。在日本知名建築師安藤忠雄的建議下，改挖深於地下，這才使紀念館高度與其他房屋同高。

司馬遼太郎紀念館以「親切心」，融合於四周環境，與鄰居平起共處，實在值得讚賞。

不論是平城遷都一千三百年紀念活動，還是之後造訪的大山崎山莊的美術館、MIHO博物館、司馬遼太郎之紀念館，奈良人親切待人的用心，都讓此行更感心！

一個「我」，能做什麼
日本三一一大地震的救災實例

古賢有言：「風氣厚薄繫之乎一、二人之嚮往」，當更多人正面看待危機，危機便能成為轉機。

二〇一一年三月十一日東日本接連發生了地震、津波、核爆等三災，致使家毀人亡等慘劇。緊接著又發生風評災害、消費自肅、孤獨死亡、購物難民等現象。這些無助救災之風暴源自於少數人杞人憂天，幸而有人來破除，消弭危害救災的風氣。可貴的是，能正面看待災難，幫助社會重生的竟是許多「小我」。以下蒐集的資料，是眾多「小我」的救災發想與行動，之前曾分享給扶輪人，現分享給讀者，

如能啟發服務之創意，則萬分榮幸。

別小看自己
「一個我」能引出「眾多我」

在救災活動中，金援、物援、人援及聲援這四項是最常被採用的。在臺灣甚具名氣的安藤忠雄，為救助災區產生的孤兒遺兒之生活、教育等問題，登高一呼，募集十億日元獎學基金。其方法是一人一年十萬日圓持續十年。一人倡導，眾人響應，很快就募足了十億日圓基金。一個我，引領了眾多我。

一位家庭主婦投書報紙，表達其欲救助災民之心，然無法一次給與大額捐款，建議郵局印製救災明信片，而在其售價內含小額捐款，如此較易達成小額且持續捐款之心願。郵政局依其意發行了內含捐款

的明信片，在二〇一一年底前就銷售三萬一千七百萬張明信片。一個主婦推動了千萬人的小額捐款，嘉惠了無數災民。

一個剛畢業的小學生發起捐書包至災區募得六百個書包，讓愛傳遞

一個剛從小學畢業的女學生，想到災區小學生的書包被津波沖走，而自己的書包因階段性功用已達成，於是捐出自己的書包，還邀集同班同學捐出舊書包，供災區小學再使用。募集書包一事刊在網路上，透過網路媒體傳播，眾多人聞訊而至，紛紛捐出已使用但不會再用的書包，總共募到六百個。而學校用品公司亦表示，願提供嶄新書包持續六年。一個小學畢業的女學生獲得眾多人的響應，解決了書包的問題。

一個鐘錶店的女老闆推想災區可能需要手錶，因店裡無適當的閒置手錶可贈送，乃在店門口張貼徵求在家用不到的休眠手錶。該訊息張貼後，無人送閒置的手錶來，直到其姐姐來訪，看見此訊息，將之傳上網。信息上網後，有人親送舊手錶來店裡，有人郵寄舊手錶。女老闆將其一一整修得完好如初，共獲得一百五十個再用錶，將其送至避難所供災民使用。一個我的發想，引起眾多我響應。

一個麵包店老闆憐憫災民之困境，自覺勢單力薄，乃邀五十個麵包店老闆來聯合捐款。其方法是：他提供特別的製造方法，來共同製造救災麵包，從統一售價裡提撥百分之十當作捐款。於是一個麵包店老闆的創意，促成了五十家麵包店聯合捐款救災。

一個貨運公司的企業主認為，東日本正值水深火熱的救災之際，豈可置身事外，乃刊廣告宣布願在每個宅配貨物之價款中，撥出一百圓日幣作為託運者之捐款。於是在日本全國滿街跑動的大小兩隻黑貓就成就了託運者的善意。這個善念的創意，廣收全國同胞的好意，救助了東日本災民。約七個月左右的時間，該企業主已將十多億日元捐款送至災區。企業體化營利為捐款的善行，致使其業務、形象大大增進。

七十歲的家庭主婦響應每日慈善路跑運動健身，同時捐款助人

一個經營者報名參加大阪市所舉辦的首次城市路跑，表明每跑一公里就捐十日圓給東日本災民，並希望同是路跑者能同行善事。路跑舉辦者大阪市政府有鑑於此，乃從參賽者的報名費中，提撥五百圓作為捐款，共募得一千五百萬日圓，而該跑者跑完全程馬拉松，最後捐

了四十二萬日圓，也是一個我，帶動眾多我的好例子。

一個七十歲的家庭主婦看到慈善路跑的新聞後，也開始跑一公里就捐十日圓的晨跑，如此日日執行慈善路跑，竟然腳關節的痠痛因持續運動而日漸減輕。這位家庭主婦興致之餘，投書於報紙公開其災後保健方法，她自認是一石二鳥的收穫，盼能引領眾多我投入。

一個高中合唱團、一位百歲婆婆以歌聲與詩集撫慰災民、鼓舞全民

一個高中的合唱團因受災而無法參加全國合唱比賽，乃將其合唱製成光碟片發售。得款則全部捐給日本紅十字會。該合唱團學生所唱的歌名是「明天，這一天」。歌詞、歌曲充滿感性，可聲援災民。有一段：「看那條路／看那些草／被踐踏也能生長的路草／被腳踏後而

仍長芽／表示活著／一生懸命地活著／多了不起／明天定會來／就要相信自己／明天定會來／就要相信自己」。

一個廣告人認為，已有許多金援、物援、人援等進入災區救援，而自己最擅長的就是聲援。於是創作電視廣告片，擬邀七至八人來唱鼓舞人心之歌，以歌聲鼓勵災民。其創意獲得一家大型飲料與酒類公司之贊助，於是接力唱出「抬頭挺胸往前走」與「舉頭仰望天上星星」之五十年前風行日本社會之老歌。此一廣告片獲選為當年度日本最佳電視廣告片。一個廣告人的企劃獲得一家企業體的首肯，出資拍攝並播映，撫慰了災民，鼓舞了全民。

一位百歲婆婆柴田豐從電視上看到海嘯沖走汽車、房屋等可怕景象，寫了「你的心別被沖走了」之短詩，刊登於報紙上，撫慰、振奮了民心。這位百歲婆婆柴田豐在九十九歲時出版了一本「人生別氣

餒」的詩集，轟動了日本，在其百歲時出版了「百歲」乙書，深受日本人喜歡，是本人生教育的良書。

一個漁民災後要復業卻苦無資金，於是成立「復業基金」，接受小額投資。投資者認為投資即捐款，即投資五千日圓，再捐款五千日圓，共匯款一萬日圓。這種方式引起普羅大眾之行善，也引起災民要復業之模仿，於是投資即捐款之善行，如雨後春筍般湧進災區，而災區亦有多項基金陸續成立，在短短兩個月中，就有水產加工、養殖、醬油、味噌、清酒等基金成立。這種復興基金對復興災區很有幫助，而基金創意頗富利與益之人性，讓投資與捐款容易並行。

發行手寫報紙，讓災民知曉災情
災區報社盡真實傳播的使命

一家報社社長在殘缺不全的社屋悟得報紙存在的意義是「盡真實傳播的使命」。於是找尋災後得生的員工，分派他們去災區採訪，在浸水的辦公室裡編輯當天災情，隨後手寫內容，將報紙發行。這種手寫報紙艱苦地發行了六天，將東日本災情寫實地報導給避難的災民知曉。一個報社社長的信念，發揮了報紙的使命。後來該六份手寫報紙，被美國的報紙博物館收存展覽。一個我的信念，將長長久久活存在報史上。

以上蒐集了「一個我」做了什麼的實例。其「一個我」的實例，定會驚天動力撼動人心。做為一個現代人，也該時時思索，要做什麼助人益群的活動？

由思人而致關懷他人

五月的第二個星期天是母親節，定有許多人對母親思恩、行孝，許多商店也會捉住良機而舉辦各種促銷活動，針對人子灌輸「買禮物送母親是孝，陪吃飯問安母親是孝。」可乎？

慶祝母親節，各商店創意不一，然以禮品、食餐為大宗。東京銀座有家商店銷售珍珠，名叫御木本（MIKIMOTO），卻在店前豎立一支康乃馨，從四月十五日起就登場，告知在銀座往來的人子，見康乃馨要思及行孝母親。

該支康乃馨有三點五公尺高，是由許多紅色、粉紅色的小朵人造花組合而成的大朵康乃馨。店家要路人猜出人造花數目，猜中者可獲

得價值約三十八萬日圓（約新臺幣十三萬六千八百元）的珍珠項鍊。店家活動還不只如此，在五月八日於康乃馨前設置舞臺，讓路人均可與母親合照而留思情。這種母子、母女在康乃馨前合影留念，是未來式的留思；而過去式的懷思，則可見於四月四日東京都的日本橋白壽紀念活動。

古老的公共建物 因感人故事而更引人留連

日本橋在銀座通上，一九一一年落成，二〇一〇年是建橋九十九年，白字比百字少一劃，日本人以此幫日本橋慶祝九十九歲生日。

日本橋是日本東西南北路的路標起點。在日本橋附近百年老店林立，三越百貨店本店是代表。該店門口雙邊有兩個銅獅坐鎮，進門去是大廳，在大廳裡，每年年初都有貝多芬的合唱交響曲表演。百年老店與古典音樂相得益彰，新年就引思古之情。

這場日本橋慶祝九十九歲生誕的活動別致，配上一九二〇年代之歐洲名車二十一部來越過橋面，使人喜思老當益壯之可愛。

日本橋是古老的公共建築物，而公共建築物總有令人思念的故事存在。澀谷車站歷史悠久而有名，但一隻狗使澀谷車站更富故事性。

四月八日有眾多人在忠犬銅像前懷念七十五年前死在車站的秋田狗。該忠犬名叫「HACHI」，是上野英三郎博士所飼養的狗。上野博士任教於東京帝國大學，平日定時下車於澀谷車站，HACHI每次都會來車站門口接主人。後來上野博士去世，HACHI不知，依然日復一日，年復一年，在車站門前等候主人歸來，路人皆憐之。HACHI空等主人持續了十年，在一九三五年被人發現死於車站門旁路上，思主至最後。

眾人佩服其忠心，乃集資設置銅像以顯其行、以明其忠。每年四月八日是其忌日，眾人會在忠犬銅像前獻花追思。環顧今日業界、政界，有些人對組織國家之忠實，不如一隻狗之堅定。

思舊總會提醒前瞻 助弱能讓世界溫暖

長年久居日本，成就棒球於國際，卻未歸化於日本的王貞治，實可言其忠於祖國。王貞治曾創造八百六十八支全壘打的世界紀錄，並擔任日本國家棒球隊監督而獲取世界冠軍，其成就非凡而令人欽佩。如今軟體銀行有思王貞治是「王會長為世界之寶」，而開設一座「王貞治棒球博物館」，於二〇一〇年七月開幕。軟體銀行孫正義會長說：「讓小孩抱有夢想，讓日本恢復元氣。」真是若有所思而語重深長。

一九六〇年代，王貞治與其巨人隊曾來臺中市棒球場集訓。當時筆者任職於與日本電通公司有業務往來的國華廣告公司，又世居於臺中市，乃獲機會做隨隊服務，如場地管理、傳媒對應、旅館整理等。或許工作認真，幸在球隊集訓完畢整裝回日時，獲得了王貞治和長嶋茂雄等二人的親筆簽名棒球，實足珍貴而思情綿綿。

令人扼腕的是經過幾次搬遷（公司與自家），目前手頭所剩者為長島棒球一個。思之再三，仍不知寶貝球失之何時，實感傷世界唯一之棒球不在自己手邊，唯有憑空拋思了。

說到世上唯一——吾等都是世上唯一的存在。這唯一的存在卻喜歡擁有世上唯一的東西，廠家常會撩此思。

本田公司在其五十cc機車發售五十周年時，做了有意義的紀念性活動。其一是推出二十一部機車，邀請二十一位名人在機體上設計圖案，造成了部部是世上唯一的機車，這是識別的思考。其二是將設計的機車放在網路上拍賣，且將收益的一部分捐給聯合國UNICEF機構，這是助弱的善行。

回顧五十年前，本田五十cc機車在美國大打廣告，其標語是「帥人都乘坐本田」，被世界廣告人認為是打動人心的傑出廣告，思舊總會提醒前瞻。

而UNICEF則是在世界一百五十多個國家保護小孩生命與權利的聯合國機構。讀日本報紙常會看到該機構廣告，其標題是「人的生命無法選擇場地」，或「一次也無法迎接生日的小生命，年有六百萬人」，於是呼籲人人捐錢，好讓UNICEF可去購買疫苗、製作健康卡、培養保健人員等，惜臺灣未能參與，思之感嘆。

本田公司的名人設計機身拍賣將會助益 UNICEF 的保護小孩善行，UNICEF 幫助的小孩大都生長在非洲。由此思之，彼等真不幸出生在非洲。算命說：一個人的命運以時辰為主，然今觀之，彼等之命歹實非時辰，而是場地。吾人應撫心三思：生在臺灣真是幸運，而思索該如何分享福氣。

感謝讓座標誌
讓身弱者不便啟口的需求，被人理解

在臺北，捷運輛輛有深藍色的優先席，供高齡者、身障者優先乘坐，人人一看高齡者或身障者出現就會禮讓，然身弱者就無此幸，為何如此？因為身弱者很難令人一望就知。至於誰是身弱者？例如患有巴金森氏症的病人。巴金森氏症使人全身肌肉僵硬而難活動自如，初期症狀的病人，一般人不易察覺而讓位，此外，癌症患者也不易使人馬上判斷而思讓席，這些患病而不易為人知者，搭車時渴望有位可坐，卻不得。

為解決這種想要座位而不便啟口的病患需要，「東京巴金森氏症病友會」乃設計「感謝讓座標誌」，讓病患佩戴在胸前，以示需人助之。東京都的「希望專案」社團則設計鑰匙圈，圈上寫著「請你知道，有人看似健康卻身體虛弱」。以讓癌症患者使用。沒想到此鑰匙圈一出，精神病患者、腳力較弱的病人相繼來電來信要求讓與。

設計者的心思真令人佩服，以胸徽、鑰匙圈來明示或暗示受讓座位而不便強要的心思。如此受讓與禮讓，使雙方的溝通更委婉體諒。

思考自己而推及思量他人是仁道的表現

吾人如能這樣思人之痛，必會行人之喜。日本男人為家庭所詬病的是不在家吃晚餐，而常在外喝酒留連，以致演變成「午前樣」（晚上子時）才回到家。為減少「午前樣」的人數，日本居酒屋思之再三，推出了午餐宴會新方式，讓男人不必在晚上應酬。利用此種午餐宴的人目前以消防或警察，或社區社團、學校父母為多。人人想避免晚餐宴，避免晚餐宴者有其思量，其一是不想犧牲一家團圓，其二是午餐費用可比晚餐費用節省，其三是減少喝酒量以保持健康。

隨著午餐宴的流行，家庭晚餐有增加趨勢，也造成鍋具復權。回歸家庭飲食，或許是領薪人員思及景氣長期不振、收入減少，定要思考減少支出。日本食品公司「每至美」，曾調查東北、關東、近畿、九州等地區二十至五十歲有小孩的家庭主婦。結果發現，有百分之二十八的主婦表示會增加鍋具料理，另有百分之二十九的主婦則表示「有可能增加」。此二者合起來，就表示有六成家庭，會享受晚餐在家料理的快樂。此一市調也發現，「希望料理的事先準備與善後更簡單」者有百分之七十；應思「節減餐費」者有百分之五十三；「想與家人團聚」者有百分之十九。可見長期的景氣低迷反動了思家的心慮，而在錢不多的狀況下找到與家人共處的幸福。思慮由有形而無形，由錢而情。

由思考自己而推及思量他人，是仁道的表現。能教導別人而思懷他人，是慈愛的作為。

小孩喜歡玩火，常在大人照顧不及下惹出大禍。日本經濟產業省鑑於小孩玩打火機而釀成焚車、燒屋之慘事，乃欲進行修正特殊產品的「安全基準」。因為小孩：一、關心自然事物（如：火焰）；二、喜歡會動的事物；三、討厭大人會禁止的行動等三點。而打火機具備了上述三點。因此，尤須大人來關心。

然而，用畢就丟的打火機卻是路上隨處可撿的垃圾，小孩易受其多彩顏色的吸引而撿為己有。官員思慮及此，有意要求製造廠在打火機上裝置CR機能，以防止小孩輕易使用，並將目前售價從一百多日圓（約新臺幣三十六元）提高為一百五十日圓（約臺幣五十四元）。對客人而言，增加支出會心痛，但思考小孩之安全，則有百分之七十的抽菸者欣然贊成。如此，一百多日圓之打火機會漸從市場上消失，而具有防止小孩輕易使用之CR機能打火機將取而代之。

五月上旬去日本奈良參觀「平成遷都一千三百年活動」時，尚未看到具有CR機能的打火機，倒是在超級市場的冰櫃上掛有多采多姿的母親畫像。這是超級市場針對顧客所舉辦的競賽活動，凡是顧客小孩都可彩繪其母親送來參加，以繪圖來慶祝母親節，是超級市場的社區公關活動，看小孩所繪之母親圖，真是溫馨無比。這種活動比打折或贈送來得更加氣質且更富人性，超級市場之構思甚好。

日本奈良的這家超級市場，因受空間、地域影響，其活動只具社區影響力，但具有全國地域影響力的產經新聞，則與文部科學省、各府縣合辦「彩繪母親畫像」比賽，在筆者參訪團欲歸國之五月九日，以全版面發表了得獎名單，得獎小孩遍及全國各地。小孩透過彩繪母親畫像，相信更能思母之偉大，而以自己能力來慶祝母親節定富回思價值。

〈思想起〉是一首歌，其詞、其曲在感傷人生，但人一生中，若偶有花、橋、狗、球、鍋、畫等事，也會使人生感奮，而有幸福心。

顯親恩，在旺扶輪

「請給失去親人而絕望於進學的孩童，一個入學的歡喜。」

「扶輪親恩獎學金」於二〇一三年三月十五日，在臺北國賓大飯店舉行致贈儀式。來自臺北市的各校、三十位大學生，在用過晚餐後，領取了其奮鬥有成的獎學金。

扶輪親恩獎學金將一學年獎學金分兩次致贈。這次是學年的第二次，也是最後一次。上次是在去年（二〇一二年）十一月初。近半年的時間，學生們在學習上，不管學業、人際、生活，均有長足進步。

主辦單位閱讀每位學生提出來的「學習心得報告」，就感受到這群不同學校、不同科系的學生們，幾乎有相同的心聲與歷練。從三十篇報告可強烈感受彼等均能：一、勇敢面對遭遇。二、有效處理困境，而使主辦單位的選拔委員感到無限佩服。這批將來的社會主力軍，將是吾等社會大眾的希望和寄託。

學生期許自己：

要成為一個肯為自己生活負責任的人，要成為願對社會負責任的人，要成為一個有能力幫助別人的人。（學生如此立志，當今社會人士、政官人士不會汗顏嗎？）

牢記受過幫助，將這份恩惠發揚光大，傳播給需要幫助的人。（學生有此關懷的心，且願傳愛宣慈給他人，忘恩負義之徒不該鑽進地獄嗎？）

課業繁重也是有它的意義存在，時間管控是大學很重要的一堂課。（學生如此管控學業進度，推動行政的官員不該自省嗎？）

現在可以為家人付出……（學生如此負起責任，這不會使二十二K的創立者、傳播者感到慚愧嗎？）

感覺自己比以往更有實力。（學生如此充滿自信，這不會使為官者加強對自己、對臺灣的信心嗎？）

只要不放棄，終有熬出頭的一天。（學生如此堅忍，這不會鼓舞吾等立定目標勇往邁進嗎？）

上述六項學生心得，在在可成為人人之借鏡，打破已悶了多年的政、經、社等局面。別再指責他人，如同一位學生寫的：「不允許自己抱怨，因為就讀學校是自己的選擇。」反而要抱持機會是留給有「準備的人」。何不雨讀以便晴耕？

臺北北區扶輪社
傳播善念、回饋社會

三十位大學生領得「扶輪親恩獎學金」，在於彼等有志氣克服人生痛苦，而此「扶輪親恩獎學金」之設立，是來自兩位扶輪人之有志去救助孤兒貧寒、品學兼優之學生。

這兩位是臺北北區扶輪社的楊昌烈與毛民初先生。二位皆在臺北經商，同在扶輪社從事服務活動。三十五、六年前，二位在球場談起如何推動扶輪社活動中「四大服務」裡的社會活動（註：現已改稱社區活動），思及大專院校中孤兒、貧寒之學子為數不少，如能以獎學金資助，使其完成學業，則可為社會增加幹才。

二位從球場回來後，在扶輪社例會上與同社社友商量，幸運獲得眾人響應。球場是閒場，在其打球是閒情，打球要增趣就會閒聊，如此在閒場上，享閒情中，處閒聊裡，談出了影響大學生的求學要事。

楊烈昌與毛民初先生找到了社內共鳴者，有沈祖海社長、曹仲植前社長、張和鈞前社長、陳榮賜前社友、楊緒榮前社友等。

楊昌烈是北區扶輪社第九屆社長，倡設是他、構思是他、運作也是他。他是藥品的製造、銷售經營者。毛民初是北區扶輪社第二屆社長，他是乾洗連鎖店的主持人。沈祖海是第十四屆社長，是位著名的建築師。曹仲植是第十九屆社長，為「紅牛奶粉」進口商，曾以「我是紅牛，不是黃牛」推銷其進口奶粉，又是著名輪椅捐贈者。張和鈞是第十屆社長，是臺灣保險業界的大老。

陳榮賜是前學友書局的經營者，是三五二〇地區前總監陳俊鋒之先翁。楊緒榮是外科醫生，曾在臺大醫院及私人診所救人命無數。上述扶輪人代表社會百業，聚集於臺北北區扶輪社，將其職業所得捐獻給扶輪社，再由北區扶論社將其奉獻給社會，如扶輪親恩教育基金（原名）。而「親恩」二字之命名，是前社長郝更生夫人高梓女士之巧思。

臺北北區扶輪社當時幸得有這些業有成而心存善的社會菁英濟濟多士聚於一堂，是以獎助孤兒求學上進方得以促成而奠立持至今日之久的組織。卓越的組織真需要人才與善心。

扶輪親恩基金會 獎勵大學生勇敢面對困境

上述那些扶輪善心人就組成發起人會，制訂親恩基金會章程。首先是基金會金額多寡，獎學金的支付金額，獎助對象是「孤兒」，品學兼優的認定，獎勵學生的就讀校別等。頗費發起人心思，實令扶輪後輩感動彼等開疆闢土，創出一項嶄新的扶輪服務。此扶輪服務又有別於其他各社的服務項目，且此扶輪服務又綿延持續迄年，樹立了北區扶輪社的優質風格。

三十四年前，親恩基金會以新臺幣一百三十四萬元起步，致贈金額為每位孤兒學生新臺幣五萬元。如今，基金金額已超越新臺幣三千萬元，發放給學生的獎學金早就提高至每位新臺幣十萬元。本次致贈獎學金人數達三十名。又曾發放獎助金給蘭嶼受颱風強雨災害的受災學生，共新臺幣一百二十萬元。這些制度均是前輩所奠基礎，所行慈善，也是後輩們所學高尚道德，所習服務行為。是故，一個組織裡若有善良傳統在漂漫，定會影響人人去學而習之，以產出具有品味有品德的兼顧他人、服務大眾之心懷。

臺北北區扶論社年年致贈的獎學金，全是社員自動捐獻。舉凡社員本身有喜事、家庭有婚喪、公司有週年皆可捐，亦即人生有婚喪喜慶就可捐。社員自己最清楚這些捐款的日子何時到來，因此自動捐獻就順遂得很。

然亦有失憶的時候，這時北區扶輪社的「扶輪親恩基金會」委員就會在社員佳日前三周發出提醒函，以促成其捐款之善舉。有了提醒函制度後，增加了善行機會，也提高了善款金額。基金委會如此有禮而不傷捐款人顏面，甚獲社員肯定。是故，募款亦要照顧捐款人自尊，也要鼓舞其慷慨心。

如此彷彿春風般募款，產生溫和的效果。正如親恩基金會的對內募款，對外選拔也是和氣萬分地邀請臺北市近郊大學，提名符合「失親孤兒，品學兼優」的學生，再由扶輪社派出選拔委員，先在社內根據所來之書面作審查，而後根據通過的書面審查資料到各大學去與學生面談。

書面需審查：一、學校成績單。二、戶口名簿。三、貧寒證明。四、學生自傳等。面談則依：一、誠實。二、積極。三、困苦。四、展望等來定高低。

從徵件、書面審查、走訪面談，約需三個月，人力約需三十人。是故，非簡易工作。社裡二位幹事實在夠忙，但他們卻不亦樂乎。原因是這種獎勵學生選拔工作，發放獎學金事務是在幫助比自己不如的人，心中有種助人為樂的快感。

經濟蕭條這麼久，政治紊亂如此長，令人擔憂臺灣將何去何從？臺北北區扶輪社的扶輪親恩基金會雖默默努力，獎勵著大學生們要勇敢面對困境。其效果或許只如大沙漠中的小綠洲，然做為社會中堅份子的扶輪人，尤其是臺北北區扶輪人將會持續推動其社會和諧，世界和平的理念。因為彼等獲得學生們的善意回響，正如日本社團法人「長腿育英會」募款廣告上一位學生的感恩心聲：

臨時抽考，堆積如山的課業，清除輪值，我都想做。

我想做眾多願望，全國的親情相助我得到了。

人人在說的麻煩事，也有人認為是幸福事。

請給失去親人而絕望於進學的孩童一個入學的歡喜。

謝謝，長腿前輩。

這則廣告是由日本公益廣告機構代替「長腿育英會」，免費刊登於日本最具影響力的《讀賣新聞》報上。從上可知，日本的學生們也歷經長達二十年的經濟低迷，政治紊亂，社會失序的國局裡。但這廣告中學生之志氣，或可給吾等反省。

愛上臺灣的日本人

在四月清明節過後穀雨時節，日本扶輪友人前地區總監土屋亮平曾來臺灣。其前來臺灣，是參加臺灣扶輪社三五二〇地區的地區年會，並前往烏山頭水庫，商洽今後種植櫻花樹事宜。

二〇〇七年，土屋亮平先生曾以國際扶輪社長代表之身分，來視察臺北三五二〇地區地區年會。於二〇一一年起，率日本千葉縣松戶市扶輪社社友來臺，在臺南市烏山頭水庫種植櫻花樹，含此次則已有三次。本地人有云：「無三不成禮。」土屋亮平前總監還真厚禮，然他仍意欲種植櫻花樹，以向烏山頭水庫與嘉南大圳之建造者八田與一技師表示其敬意。

八田與一
臺灣人最敬愛的日本人

八田與一土木技師曾是臺灣總督府之基層官員，以建造烏山頭水庫與嘉南大圳，嘉惠嘉南一帶不毛之地，使之成為臺灣穀倉，而成為臺灣人最敬愛的日本人。在日本人心中，八田與一技師是愛上臺灣的日本人。

在土屋亮平前總監遊臺期間，得有二次機會與其相處，親澤其德行，又聆聽其對八田與一技師之慕情，實為個人榮幸。一次在夜宴小聚時，另一次在送其歸國時。

土屋亮平前總監抵臺時，曾交給筆者一些報章雜誌資料，有關八田與一，有關東日本三一一，有關臺灣的扶輪月刊等。於是就將有關八田與一的資料閱讀一番，真感其一生的做人做事，實值為楷模。

去年，臺日扶輪親善會在京都舉行年會時，與約二十位社友前往參加，並在會後集體訪問八田與一的故居金澤市。參觀八田與一的出生屋宅，及金澤市二十位名人館。臨走時看見櫥窗有一本《愛上臺灣的日本人：八田與一》乙書。心想非買不可，遂要求出售。館員云不可賣出，因只剩一本，再三說明人來自臺灣，不知何日會再來。館員或感難決，乃離席入房，找來館長，該館長面有難色。然聽過說明後，欣然割愛其館內唯一存本。

該本《愛上臺灣的日本人：八田與一》，閱讀再三後佩服一位公務員之心胸廣大，認真執事，有事負責，一視同仁等，真可為公務員典範。

烏山頭水庫與嘉南大圳工程嘉惠嘉南平原成穀倉良田

上個月與三四八〇地區前總監張育宏相遇，彼云將在五月份代表國際扶輪社社長田中作次，前往日本某地區視察地區年會，有必要準備講演。彼之應談臺灣與日本共感興趣之扶輪服務，問筆者可否談八田與一故事？因為八田與一曾是臺北扶輪社的社友，又在臺灣建造烏山頭水庫與嘉南大圳。目前臺日雙方扶輪親善會意欲申請其為世界文化遺產。筆者贊同其心願，並欣然將愛書《愛上臺灣的日本人：八田與一》乙書出借，使彼講演內容更豐富、更動人、更使日本扶輪人愛上臺灣。相信前地區總監張育宏熱愛扶輪之餘，必能達成國際扶輪社長田中作次所賦與之使命。

八田與一技師在做事方面的成就已是眾所周知且人人稱讚。如：

一、建造了被人疑為壽命只有五十年的烏山頭水庫，然該水庫已發揮功能超過八十年。二、將水庫的水引進旱地嘉南平原，使其變成可耕作的良田。遍布於嘉南平原之灌溉圳溝之長度，加總後比長城還長。三、將烏山頭工地營造成一個小市區，其中有住宅、醫院、市場、運動場所。四、該工程是東洋最大者等。

八田與一土木技師在不毛之地的嘉南平原建造儲水水庫及用水圳溝使其改變成為臺灣之最的穀倉。這對臺灣應是偉大貢獻。是故，嘉南一帶人民對八田與一感念不已，而年年至其夫婦墳墓祭拜，甚至保護其銅像，免被日本當局與蔣國民黨政權充公去製造軍火或洩憤。

除了為臺灣做了大好事外，八田與一的為人亦是為人津津樂道。其要者有：

一、一九一八年八田與一適值三十二歲，時任總督的明石元二郎

陸軍上將決定在嘉南地帶建造水庫。明石陸軍上將在任雖僅一年多，但其任期中卻有臺灣電力公司創立、日月潭水力發電廠開工、臺灣教育令公布、地方自治制度制訂、縱貫鐵路中部海岸線開通、華南銀行設立、臺北高等商業學校創設等。這些公共行政措施給了臺灣民智發達、生活提升等莫大影響與貢獻。在位雖僅一年多的明石總督，在臺灣做了不少基本政事。如不是他的決策，八田與一技師也無法以英年來建造東洋唯一的嘉南水庫與大圳了。

二、八田與一技師是在明石總督決定下，開始建造嘉南一帶的水庫與圳路之工程，讓後世享用。明石總督逝世後，其骨灰葬在臺北市八號公墓上，即現在的林森公園，年年有其子孫從日本迢迢來祭拜。他應該也是愛上臺灣的日本施政者。

三、在水庫建造過程難免有費用被削減情事。一九二〇年工程開始，八田與一時年三十四歲，然一九二三年，日本發生關東大震災，之後工程費用被大幅削減。隨著縮小工程，也必須縮減人員。在縮減人員行事中，八田與一技師採取異常方法。他先資遣有能力的員工。理由是有能力者容易找到工作。誠哉斯言。八田與一的裁員不為資方強勢者而是著眼勞方，尤其在保護勞方弱勢者。

四、一九三〇年烏山頭水庫與嘉南大圳工程告成。就在竣工典禮前，八田與一土木技師先完成殉難碑。十年工程中先後有因事故或病情去世者，共一百三十四人，其中日本人四十一名，臺灣人九十三名。八田與一不分日本人或臺灣人，依去世先後，將其姓名刻在殉難碑上。對員工無差別待遇、一視同仁。可見八田與一技師之視人以仁之種族平等思想。

五、長年共勞苦的技師、職員、工人等在工程完成後，該組織解散前，人人惜別依依，乃組成「烏山頭交友會」，以便留住昔日之共事思情與展開來日之重聚友情。八田與一技師為即將離散的交友會同事四處奔走，為彼等尋求或斡旋再就職機會。據載，人人均獲新職，是因八田與一技師之推薦。

臺灣是第二故鄉 外代樹與夫共眠烏山頭水庫

八田與一為其舊同事覓新職，其老同事發起要為八田與一樹立銅像，以永久讚賞他的貢獻。八田與一技師聽之頗為感動，但仍婉拒再三。最後烏山頭交友會代表說出：「樹立你的銅像，是為吾等日後思念過往，回顧人生時之象徵。是故，銅像並非為你，而是為吾等。」

八田與一技師聞此，不再堅絕反對。最後，他提出條件：「如非樹立銅像不可，則不可以正裝、威嚴、站立、高高在上之銅像。我與君等共事至少十年，天天著工作服，束綁腿，穿布鞋袋，只是一個技術者，不曾穿過西裝。儘可能以這種模樣去塑像吧。別放在高臺上，就放在斜坡上讓銅像可俯瞰珊瑚潭（烏山頭水庫又一名）。如能這樣，則一生萬幸。」

八田與一技師如此謙虛，交友會會友依其言，據實塑造了一個穿作業服，右手捲頭髮、坐在地上的銅像。此銅像據說有二次逃難故事。一是在日本政府展開太平洋戰爭而蒐集民間金屬物品時，一是在國民黨政府統治臺灣推動反日教育時。此座坐姿銅像被民間保護了三十七年，於一九八一年始顯身於現在的烏山頭水庫庫畔。

如上所述，八田與一技師不僅在做事上是優質良技的技術者，且在為人上，也是德優品善的日本人、公務員、扶輪人。

八田與一技師在臺灣建造了一座烏山頭水庫與一座嘉南大圳，嘉惠了臺灣迄今。而其夫人外代樹在日本戰敗後被遣送回日前，留下遺言云：「臺灣是我的第二故鄉。」而投身於丈夫所建造的烏山頭水庫自盡。其骨灰與夫八田與一技師合葬。如此「愛上臺灣的日本人」八田與一，與其「臺灣是第二故鄉」的日本太太外代樹夫人就共眠於烏山頭水庫庫畔，兩人會相親相愛至天長地久。

或許八田與一技師的正直、誠實、勇氣、勤勉、責任感、自我犧牲等感動了土屋亮平扶輪總監。在心動之餘就採取了行動，率先並號召日本扶輪人來烏山頭水庫種櫻花。日本人建造水庫於九十年前，有利於臺灣人，如今日本人種樹於水庫庫畔亦有益於臺灣人。

連續三年捐款種櫻花樹於烏山頭水庫之八田與一夫妻墓旁的土屋亮平總監，應也是愛上臺灣的日本人。

是日本的，更是世界的！日本商品與文化，如何站上世界舞臺？

二〇一三年八月上旬，隨「臺灣會議展覽活動產業赴日訪問團」前往東京，訪問兩家社團、兩家會議展覽活動館及四家規畫演出公司，後來到舉世聞名的三得利控股公司。

該公司旗下有酒類、飲料及健康食品等三項事業。在法國有葡萄酒莊，在歐美有餐廳，在臺灣亦設有公司。進銷烈酒，產銷飲料，行銷健康補品等。

該公司在進行簡報前，先向臺灣訪日團致謝三年前東日本遭遇地震、海嘯、核害等三災時臺灣人的熱情溫暖救濟捐款。三年舊事善行

仍存於日本人心中，臺灣人感夏天熱中有溫情。

簡報者也提及該公司之救災捐獻工作活動。一是「售款含捐款」之行銷活動。其內容為顧客購買三得利商品一件，三得利即從其金額中提撥公司利益款為捐款救災東日本。意即去私利行公益。二是依照行事曆舉行世界女子高爾夫球公開賽，將賽事結餘悉數捐到東日本災區。三是舉辦專業與業餘高球手配對比賽，限定參加選手必須是災區出生者，以鼓舞災區苦難人心。

將商業廣告更改為公益廣告

說到災區人心，筆者想起三年前在家觀看日本衛星電視的舊事。三月十一日發生東日本災情，事後螢幕上只能看到災情報導，而未能見到娛樂節目，衛星電視上熱鬧播出的眾多廣告亦隨之銷聲匿跡。

歷時不斷的傷心螢幕上，在災情報導不過三或五天後，在人人窒息傷感中，卻傳來令人可喘息一瞬的畫面與聲音。呈現出來的畫面是連續張嘴的男女，而聲音是不斷訴情的句詞。演員一人一句，一句接一句，最終句句連成一首歌。此時，才恍然悟出是日本一九六〇年代的流行歌曲。是日本在二戰戰敗後走向「奇蹟的復興」時期流行社會、遍及全國的歌曲。名為「抬頭挺胸向前走」，及「舉頭望星」等之二首安撫民心、振奮人心、膾炙人口、人人哼傳的歌曲，播片最後露出短秒的廣告主名稱。

在簡報會上詢問，所獲回答是：「災情發生後，不是做生意的時候，是人救人的時刻。因此，即刻停止商業廣告，馬上換為能安撫人心的廣告。該兩首歌曲是五、六十年前流行於社會上的，振奮人心甚有協助。是有目共睹，充耳盡信的不二歌曲。」善哉，將商業廣告更改為公益廣告，該公司的企業理念甚獲臺灣訪日團讚佩。

三得利產品在日本樣樣暢銷，甚獲日本人喜愛，而其品牌亦遍布全球，甚獲各國人信任。

回臺後翻閱舊資料，發現有張三得利產品威士忌「響」品牌的廣告。在記憶猶新中，頓悟三得利品牌不僅是日本的，而正如其自身廣告上所說：「是日本的，更是世界的。」廣告語詞並無自滿之意念，而是有自勉之含意。

回家後翻箱倒櫃，再發現一張日本報紙跨頁廣告，是另一家日本廠家，亦做了世界的發言。該品牌有夏季產品要發售，市場設定不僅在日本，更在世界。令人歎為觀止。

該廣告廠家是UNIQLO，在臺灣亦有商品上市，其既是廠又是商的行銷方式除了在日本，又伸入東南亞、中國，遍及法國與美國等。可謂既是日本的，又是世界的商品品牌。

該廣告標題寫著「世界投票」，內意是：「新內衣氣爽要開始世界投票。世界投票之意，即是邀請世界上十萬名人士來試穿內衣氣爽，並對該內衣好壞投票。該內衣氣爽則是免費提供。吾牌抱著自信來推薦氣爽內衣，希望能獲得大眾的率直實心回應……。」

東芝廣告的新創意
羅浮宮的新故事即將開始

翻箱倒櫃真有意外收穫，同時偶得的是另一日本既大又老的廠家之全頁廣告。該廠家是東芝公司。

寫到這裏，猛然想起七十年前就讀中學時，與先祖父共睡一房之經驗。少時長於農村，家中僅有一項家電用品，就是一部既黑又圓的電風扇。先祖父怕熱，整夜開動電扇吹風驅熱納涼，是部已使用多年的東芝電扇。

該電扇雖已老舊，但直至執筆現在仍管用，是賴家一寶。惜先祖父已過世多年，然其風采習性依舊深印於孫心。

發現東芝廣告時只有一頁，廣告標題寫著「羅浮宮的新故事即將開始」，為其新奇所引，電氣與美術有何干？乃閱讀之，始知羅浮宮現今使用的電燈是東芝LED電燈，其效用在亮度柔和、省電百分之七十三、壽命更長。下方寫著東芝LED在羅浮宮。臺灣不是也有產銷LED燈具嗎？它們置身於世界何處？做為臺灣人難免有好奇之心，不忍輸之情。

翻到次頁，更是驚訝有二頁跨版畫面，整間的羅浮宮內部展示，世界的、歷史的美畫名繪一覽無遺。左上角卻印有「吹進古名畫的新生命」。真是心生妒忌，為何不是臺灣的LED產品？

稍帶憤怒之餘情再翻閱報紙，卻令人為之扼腕，蒙娜麗莎繪畫躍進眼裡，在其左上角寫著，「為使其漂亮美麗永久傳承」，而在頁面最下方處，印有「照亮世界遺產，使用日本電光。LED是東芝。」從其創意，其題材，其版面而言，真是新奇、豪華、深透、撼人又感人。

東芝是日本品牌，如今則一躍為世界品牌。既是日本的，又是世界的，何以致之，實值臺灣人深思。

安倍經濟學
民之所需為政黨所取

日本民間的產品，如三得利品牌的烈酒，如UNIQLO品牌的氣爽內衣，如東芝品牌的 LED 電燈等，能成為「既是日本的，又是世界的」品牌產品，實是各自奮鬥的成果，真值臺灣民間廠商看齊。

如上所述，日本的民間廠商努力使其產品品牌從「既是日本的」茁壯成「更是世界的」之同時，日本政府亦為日本文化制定政策或實際執行，期使其能由日本的，躍升為世界的。

如去年執政的日本民主黨政府與今年接棒的自民黨政府，均在推動日本品牌「日本的，又是世界的」政務。民主黨政府推動「酷日本（COOL JAPAN）」政策，而自民黨則是「經濟成長」政策，其中一項亦是「酷日本」。兩黨政府所採取的態度是「官民一體」。

民主黨政府曾以官民一體的姿態，向南美洲國家及金磚四國推銷無線電視系統、新幹線系統、自來水道系統等公共設施，也曾整合「酷日本」文化商品成套，意欲對世界展開「是日本的品牌」之國際行銷活動。其日本的文化商品有漫畫、動畫、工藝、食品、料理、住居等，惜選舉失敗，政權移轉致功虧一簣。該政權於三年前曾預估世界文化產業的市場規模在二〇二〇年時，會達九百兆日圓（約新臺幣兩百七十兆元），而日本可有八兆到十一兆日圓（約新臺幣二點四兆到三點三兆元）之境。可說「日本的」達其「世界的」約九十分之一占有。

因勝選而得組閣執政的自民黨，則制定「安倍經濟學」政策三項，除了金融、財政之外，又有經濟共成三施政策略，期許因其推動，而使日本脫離長達二十年的景氣困局。其三政策之一的經濟振興策略裡，就有「酷日本」一項。可見政權雖移，然國家所需施政內容未變，且被傳承。民之所需應為政黨所取，如是政黨方得為「是本土的，又是全國的」，以民為本。

借鏡日本
是臺灣的，更是世界的

　　自民黨政權估計全世界內容（即單指文化產品）市場規模為一百三十兆日圓（約新臺幣三十九兆元），然有百分之六的年增率。因此要將施政項目放在日本擅長的電影、卡通等，當然也會顧及日本料理（如拉麵、和食）、工藝、服務等。因此設立五百億圓（約新臺幣一百五十億元）基金的推動促進團體。AKB48的演出者語重心長地說：「不能將酷日本產業當成畫餅。」為不使其成畫餅充饑的慘局，日本政府要與民間合作成「官民一體」態勢，攜手向前邁進。

　　日本傳播業為使「文化產品」能老幼咸知，上下一體由日本傳至世界，《讀賣新聞》（日銷千萬份以上，吾等最暢銷報紙日銷尚不足百萬份）在其固定兒童版上，以淺顯易懂文圖，針對國小與國中生解說何謂「酷日本」，指明日本的大眾文化正受到世界人士的高談與好評。

該報告訴學童讀者「酷」的意思是「帥的，棒的，酷的」。而國外人士認為酷的日本包括：日本拉麵、日本和食、日本漫畫、日本動畫、日本影視歌曲、日本AKB48等。該報更提醒小孩：能否將日本文化內含在日本經濟成長裡？該報如此推動社會教育，實令吾等臺灣人自歎不如。

《讀賣新聞》告知小孩，最新估計的文化產業世界規模約有五百兆日圓（約新臺幣一百五十兆元），但是日本所占的不過是其中三兆日圓（約新臺幣零點九兆元）。政府正在努力使其成為八兆日圓到十一兆日圓（約新臺幣二點四兆到三點三兆元）。因此安倍經濟學的成長策略將其納為一項，而為重要支柱，即刻在經濟產業省內成立

「酷日本室」，專司推廣「酷日本」之責，要把學童喜愛的「是日本的文化」擴及為「更是世界的大眾文化」。

由此可見，日本大人和小孩將成為日本大眾文化「酷日本」的推手。吾等臺灣人能袖手旁觀乎？官民能隔岸觀望乎？

臺灣在二十年前展開將產品推廣至世界各地，使其成為「是臺灣的，更是世界的」，如GIANT（捷安特）、ACER（宏碁）、MERIDA（美利達）、FRANZ（法蘭瓷）、ASUS（華碩）、HTC（宏達電）、鼎泰豐（DinTaiFung）等，不勝枚舉。然數量、聲望仍不能與日本相比。

雖想將本篇題目改寫成「是臺灣的，更是世界的」。然還有待今後臺灣人的「努力」。二十年來，外貿協會推廣臺灣產品品牌由「臺灣的」升格為「世界的」之不眠不休、慘澹經營推動國策之努力，臺灣人民應隨時給與熱烈掌聲，政府應給與充分支持。

在臺灣有根深蒂固的「官商勾結」心態，嚴重情況下，日本的「官民一體」概念對臺灣吾等而言，或只是一塊畫餅。所剩者僅能有賴多年辛苦擔任推廣臺灣品牌重責的外貿協會了，請給他信賴與支持。將「是臺灣的，更是世界的」之臺灣文創產品品牌，如日常民生用品、科技精品等品牌推廣到世界各地。

病房裡的貓頭鷹

龍年年尾突生起病來，緊急去檢查，醫囑腦壓有變化速住院，於是展開了二十天住院的病老人經驗。

住院當中與病老人發生密切關係的有：主治醫師、護理人員、親友、看護等人。這些影響病患的人，實以其態度、言詞左右著躺在床上挨痛的可憐人。

榮民總醫院的院長、主治醫生、治療團隊醫師，個個親切看病，仔細分析病情，詳細說明療程，真使病老人與家人時時感覺找對了醫院。林院長、曾姓主治醫師對住房安排、檢查調度、病況探問等，在在令人感受其專業能力外，又感動其情緒鼓舞，真是術德兼備的醫師。

護士善解人意
減輕病人刺痛

夜晚每隔二到三小時，就有人不敲門進來床邊，查看點滴運作是否正常。偶爾動動點滴管使其平均滴落。這會使病老人感受心驚肉跳的一點刺痛。刺痛不過是二、三秒，但病老人卻覺久久。病老人開玩笑地封給這些刺痛的護士為「刺客」。因此白天來病床服務的護士就會先打招呼，笑說：「昨夜，我沒當刺客。」

白天來的護士任務是打針。一針也使病老人難受其一剎那間刺痛，病老人總要請其慢慢地打，溫柔地做，以便減輕病老人之刺痛感覺。榮總的護士真解病人之心意，馬上慢慢地，柔柔地打針，使病人免感刺痛之苦。長青樓的林護士，思源樓的謝護士都如此以病人為導向。

在長青樓就醫時，有位護士來到床邊自我介紹，說其約在十年前，連著三年領過北區扶輪社的「扶輪親恩」獎學金。記得當年這位白護士曾是護專學生，因雙親雙亡品學兼優，獲得親恩基金選拔委員之肯定。當年是由病老人以扶輪親恩基金主委主其事的，誰知如今她已是亭亭玉立又能幹體貼地照顧體弱人士的白衣天使。北區扶輪社協助她完成學業，實現理想，扶輪社友該會感受助人之樂，今後更多多捐款給基金會以支助社會。

貓頭鷹帶來福氣
感念親友探病恩情

十二月初住院之翌日，大犬與小犬先後從瑞士日內瓦與美國波士頓趕回來探病。之後的聖誕節前，大媳婦與二媳婦也帶著孫子們回來探病。病老爺見此狀，心想是否已進入末期？但亦感覺很壯膽，可克服病痛。親情如此可貴，實值珍惜。有如此純情圍在身邊，湧出要多活十年之貪生之慾，以便參加將來男孫二位之婚禮。

除了親人外，過去的老同事、現在的社團朋友，不知從何處得到消息紛紛來探病。陶牧師夫婦與溫梅桂小姐一同前來，在病床邊為病老人禱告並唱聖歌。聯廣老同事葉即刻聯絡其平常交往的醫師來照顧，北區扶輪社社友黃亦如此，國際行銷傳播經理人協會的理事長楊再三來電問病情並建議種種，貿協祕書長趙亦然。眾人的關心未能一一致謝，憾甚。

這些朋友不僅人到，補品也來，真感自己的日常疏忽保健，如今使朋友犧牲時間又破費金錢，情思何時方能報答回謝？

朋友、同事所帶來的慰問品以鮮花、水果及營養補品居多，實在琳瑯滿目。然其中有位大學洪同學則送來三本書，有一本書名是《東京大學學生是否變笨了？》。遠親吳女士也送來三本書，其中有本書名是《別生氣發怒》。在病床上讀之，深感二本書甚有深度，由此反省自己數十年來只知行銷傳播，不知追求學術或心靈，真是笨極了，而懊悔從心湧起。有位老同事黃則送來她在歐洲出差時買到的貓頭鷹陶瓷。她望貓頭鷹會帶來福氣，並將它放在面對床頭的方向來保佑病老人。

病老爺的病痛轉變成天倫樂事

這件陶瓷貓頭鷹後來轉飛到美國東部。在獲此吉祥品後不久，美國康州發生學校槍殺慘案。在臺灣的電視臺一播出，內人即刻撥電話到美國，關心是否為美國孫就讀的學校。大媳婦與孫女D皆在電話裡訴說很可怕但已平安。病老爺就問美國孫D其住家後院有兩隻貓頭鷹棲息，是否尚在？所得回答是飛走了。

後來美國孫女D返臺來病房探病，除了關心病床上的病老爺外，眼睛直視那隻陶瓷貓頭鷹。病老爺感覺其有所歡，問其可否為此福氣鳥取名？她答：「安祺兒。」病老爺欣喜，此鳥應是「天使」化身來保佑病老人。歐洲來的貓頭鷹如此在臺灣發揮任務，畢後就轉到美國孫女D家去了。「天使」將會保佑賴家人。

難得賴家人在短日子裡聚在一塊。病老爺的病痛也藉此機會，變成了天倫樂事。

一大早，天尚有魚白時分，比醫院送早餐還要早時，大犬或二媳婦就會冒著寒風冷雨到達病房，送來豆漿、油條、芝麻丸、蘿蔔糕、肉丸、花生湯等兒時喜愛的鄉下小食。常奇怪為何發病就愛吃小時口味？更妙的是，經營設計公司有成的老同事吳，送來了熟魚片握壽司，而非生魚片握壽司。禁吃生鮮食品是內人再三交代，而他卻能換個角度，將熟魚替換生魚。後來也有代理媒體公司董事長的同事李送來熟魚片握壽司。兩位在送禮上應曾動腦，病老人喜愛握壽司，老同事換個角度的巧思，真使人感動其頭腦之靈活。

要把比下有餘的福氣轉讓給更有需要的人

在長青樓護理站有位林姓護士，常動腦減輕病人痛苦。她使用針座異位法，使打針時會哀哀叫的病老人能舉手自如，翻身自在。真是技術到家，會令人歡喜的護士。

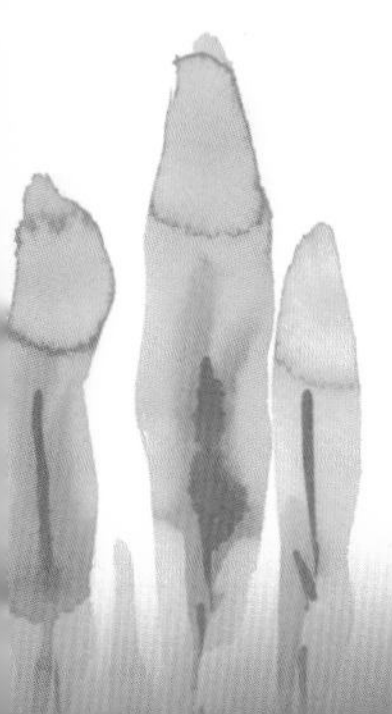

而在思源樓亦有一位謝護士，她的打針技術應屬於不痛不癢的「刺客術」。其方法是溫柔、緩慢、體貼，且先喊聲後行刺地打針，讓病人不感覺刺痛，真如天使。

在接受檢查時需穿梭於中正樓、長青樓、思源樓之間。往來之間總是讓筆者思念起老上司葉明勳先生。二〇〇九年秋天在美國接到明公因跌倒而住院於榮總。回臺後馬上探病，當時明公已不省人事。之後每隔二或三天，做為下屬的筆者必到病床邊呼喚「明公」。不管明公有無知覺，請安是那時最大的敬意。

如今自己住進榮總醫院治療，卻有無限思情溢於已過世的明公。明公的耳提面命、遠距指導，使擔任總經理近十年的五十年廣告人生涯充滿著成就感。若非他的提攜牽手，哪有人生滿足感。

談及明公，就會思及先祖父，兩人有相似之處，愛好酒與喜乾杯。

先祖父藏有好酒於其床鋪下。每逢寒假或暑假由北回臺中省親，先祖父於晚餐時，總會取出兩瓶酒，來個祖孫對飲。先祖父在農村演戲時，總會以主人身分招待來客，舉杯必與客乾杯，以熱鬧現場氣氛。先祖父的熱情乾杯與先母的菜餚，總讓親朋回味無窮。明公在宴會時、盡主人職時，也是好酒與乾杯熱鬧滿室。

雖言病房不宜熱鬧，但病老人則在榮總病房內感受了醫情、親情、友情等人際關懷的溫情，心想如能將此人情溫暖推及於社會，給比自己不如的人，這社會將會更和諧。病老人的健康不如來探病慰問的醫務人員、親朋好友，彼等的溫暖施捨，使病老人永記於心，他日必以同法之助比自己不如的人。從友人那裡接受的貓頭鷹福氣，必將轉移給比己弱的人。要把比下有餘的福氣，轉讓給需要的人。

讓活動主客雙樂：如何做到「主客同心」？

蛇年成為過去，是民間所樂見。因政府所施行活動（行政）並未思慮活動受益者，施受不同樂。

去年（二〇一三年）十月份臺灣攝影大師柯錫杰在大同大學講演，吸引了兩大族群來聽他的「伊甸之旅，純真原生」。開場時，柯錫杰介紹樊潔兮女士擔任活動講者之一。樊女士是名舞蹈家，又是柯大師的太太，由她來談柯大師的事業、生活、心靈，應是首選，難怪兩大族群人士聽得聚精會神而笑聲常爆。從現場人群觀察，得知聽者一是大同大學學生，二是愛好攝影者。彼等應是想從樊女士巧帶幽默的話語，來了解柯大師的成就原因。

聽眾笑開一陣子後，柯大師以作品說明攝影的理念、境界、技術、沖洗等，赤裸裸公開其所知所行。似將聽眾帶進其攝影場所，告知攝影技術，張張親切解說，使入門者易進堂門，而已成專家者可知堂奧。

柯大師使講者與聽眾打成一片，應是來自其人生修養、世界體驗，也是來自聽眾的虛心見學，好奇探究。「講者」與「聽者」雙方聚焦同點。聽者豎耳傾聽，拍掌適時，該笑就笑。坐在會場裡，聽者的專心態度令人肅然起敬。也為柯大師慶幸，遇上了求知若渴的大學生與社會人。

善心的交流 讓臺灣癌症治療更上層樓

講演是活動，來參加講演活動之聽眾如能遇上正確講者，那就是活動的幸運。若有知心人士那更幸福了。找對人講話或訴苦是人生一大樂事。

伊甸基金會與日本九州國際重粒子癌症治療中心簽署合作儀式，於二〇一三年十二月初在臺北日本交流協會會址舉行。會場設在地下室，一進門尚不知主人王剴鏘醫師來迎接，只見會場排滿了白色的大大小小陶瓷器皿。那是旅日陶藝名家張義明的作品，捐給伊甸基金會，由其拍賣募款，以做為基金會長期照顧服務經費。張義明陶藝作家真是善士，可為文創作家之榜樣。

行善事做公益需要經費，而伊甸基金會所要從事的，是要與國際癌症治療醫院合作，在臺灣展開治療工作，以造福人群，因此需要紮實資金，以充經費。其工作應是由政府部門來承擔推廣，如今政府落在民間之後，令人愈看政府無能愈心生憂愁。

在憂愁裡，卻看到觀禮人士元氣出現，應是日本善心醫務人員，及臺灣投入服務的人員，這兩群觀禮人士，將來定會讓臺灣的治癌工作更上一層樓。感受觀禮者的支持態度，心想癌症病患將是有幸。癌症治療需要醫者與病者溝通合作方能濟事，雙方同心甚為重要。

日本的老歌喚回白髮老人的兒時歌謠記憶

談雙方同心，思及一場歌唱會。這場歌唱會稱為「懷舊的歌曲，日本人歌唱」。是由日本佐佐木教育中心來臺主辦，由臺灣彭明敏文教基金會協辦。

一進國賓大飯店二樓國際廳大門，即見滿場聽眾，不管是已坐定者或找座位者，幾乎個個白髮蒼蒼。這將是一場明顯的老人族群集會。老人聚集在此，定是來欣賞日本的老歌。那些日本的老歌似會喚回在場白髮老人的兒時樂趣，因其人生有段時期曾受日本歌曲薰陶。

果然歌唱者佐佐木菜穗子，所唱的均是日本老歌，能感動現場臺灣老人聽眾的心懷。彼等傾耳靜聽，聽得心爽就大拍手掌，享受著臺上與臺下打成一片的溫馨快樂。

歌唱者在臺上唱歌，引起臺下聽眾哼歌，唱「荒城之夜」、「海邊之歌」、「我是大海之子」、「紅葉」、「故鄉」等歌時，臺灣的白髮聽眾似是回到了兒時。當「望春風」、「雨夜花」出現時，全場合聲，已無臺上臺下之別，又無歌者與聽者之分，亦無日本歌手與臺灣老人之異。古老的、異族的老歌成了臺灣老人拾回兒時情趣之通路。這使人感受歌唱無國界，這使人感受活動拆國境。

這場日本老歌演唱會，歌手佐佐木菜穗子是免費演出。在日本有位高齡的歌手加藤登紀子，在「為兒童歌唱」的慈善音樂會上亦免費演唱，為的是籌募育幼院或兒童保護設施。她一片慈心地表示，「我也曾把三位子女交給育幼院照顧，活動如有所助益則非常歡喜，願傳播人生的關懷。」如此，老婦之心與幼童之心就藉音樂連為一心，或是老幼同心之人生同在，不管各自人生是早出發或晚起步。

賴氏夫妻感恩會 與恩人共賞《看見臺灣》

能把老中青三代親朋邀集於一堂，使彼等聚精會神觀賞《看見臺灣》的，還有賴氏夫妻。賴氏夫妻曾於二〇一二年十一月先後病倒，於近滿周年的去年十一月下旬，包下臺灣文創大樓內的誠品戲院舉行其感恩會，以完成謝恩之心願。

邀來醫師、親族（戚）、朋友、同學等於定時、定點觀賞難得一見的空中攝影臺灣山水的紀錄片。臺灣的山水是吾等臺灣人四百年來所生存、生活、成長、成事等的恩地。賴氏夫妻在感恩眾人於醫病時之祝福，也思及藉《看見臺灣》來讓人人感恩臺灣這個寶島。個人對眾人感恩，眾人對自然感恩，可不是美麗人性之表露？

主人賴氏夫妻，在電影上映前與其從國外趕回來的大犬，站在臺上致言感恩謝情後，亦與邀來的兩百二十餘位恩人一同坐在臺下共賞《看見臺灣》。主人與客人專注精神、默默不語地觀賞著美麗帶點哀愁的臺灣。此時眾親朋好友同心於此美景或哀色，表達了對賴氏夫妻同憫心外，也對當今臺灣土地生出同情心吧。主客雙方在不言中心連心。

喫人一斤還人四兩
扶輪親恩教育基金傳達三十五年

談到表露同情心，臺北北區扶輪社有三十五年來持續不斷的活動。三十五年前，臺灣的經濟、社會的各種環境或制度，尚不如當今之完善與安定。扶輪先進有鑑於當時孤兒學生、單親學生之日益增加，且這些學生有失學之虞，而因經濟問題成為社會負擔，乃各自基於愛心、展開慈心，共同成立了「親恩教育基金」，年年發放獎學金，以協助孤兒學生完成大專學業。後來，扶輪人捐款增加，乃擴及發放對象由雙親雙亡至單親家庭的學生。

得獎生善於使用每學年之獎學金，用於繳納學費，或購買器材，或貼補家用等。得獎生也深知此獎學金來之不易，而扶輪捐款人也要辛勤經營事業，方能有能力將收益轉成捐款，將私利之財捐為公益之資。如此轉換實存於一心。扶輪心能知學生心，則施受雙方就容易使獎學金發揮效用。將心比心能知心。

臺北北區扶輪社推動三十五年的「扶輪親恩教育基金」之捐款來源，是每位社友用心於婚喪喜慶之日，如逢自己生日、結婚周年、父母生誕、兒女成親、公司周年、欣獲訂單、新品上市等，心繫失親學生而捐款行善。可謂臺北北區扶輪人之慈愛心，緊扣著失親學生之向上心。

二〇一四年適逢臺北北區扶輪社五十五周年，而此扶輪親恩教育基金又屆滿三十五周年。該社已擴大獎助失親而品學兼優學生，由原來之二十名成為三十五名。該社扶輪人為鼓勵失親學生處於逆境而能力爭上游，正在爭先恐後捐款，有幸於去年十一月下旬舉行了捐款給三十五名失親而品學兼優之大學生。得獎生之得獎感言，實令扶輪人感動與期待。

感動於學生確實需要這筆款項，而自覺捐款對象正確有如獲我心之感。期待學生受恩必報於社會之「喫人一斤還人四兩」之反哺情操，會在將來「看見於臺灣」。捐受雙方將會同心於人生美滿。

總之，活動定會有主客雙方，或主辦者與來客眾，當其眼光能放在同一線上，或聚集在同心上，或心思能在心心相印上，活動的效果就會主客雙樂。在國家政策上、施政上，如能官民同心，其效果更能加倍產出。

用心，打造有感的幸福人生！

文／葉雅馨（大家健康雜誌總編輯）

「答謝友人的關愛，也感恩臺灣這個寶島」，賴東明董事長夫婦在松山文創園區內的誠品電影院舉行一個別緻的感恩會。緣由是二〇一二年十一月時，他們夫婦先後病倒，在身體治癒後，為答謝醫師、親友在生病期間的照顧與關懷，在二〇一三年十一月包場觀賞《看見臺灣》影片，表達對這群友人的感謝，及共同看見生活成長的這塊土地，珍惜臺灣。

「拿人一斤，就要還人四兩」，是賴董事長阿公，從小告訴他感恩惜福的一句話。從年輕時工作，到後來成了廣告界教父級的名人，他始終維持這樣有禮的處事態度。電影開演前，他攜著牽手五十多年的蔡雪梅女士，在臺上短短的致詞，兩人雙手緊緊相牽，感動臺下所有賓客。當他說，「雖然已步入年老黃昏之年，仍會繼續保有夕陽無限美好的希望。」激勵也滋潤了許多人的眼睛。

回憶二〇一二年底，得知賴董事長生病住院，他不想因生病而阻礙生活規畫，或怕旁人擔心，因為他答應許多人的公益活動、文章邀約，而他都想完成。《用心就有感：開啟你工作與生活的幸福思維》這本新書，就是他在大病期間構思，大病初癒後，多次與《大家健康》雜誌編輯團隊溝通、討論，確定篇幅及內容。

賴董事長提供近三百多篇文章，供我們選材，這些作品內容紮實，將帶給人工作與生活新的啟發。他八十歲的年紀，仍勤於閱讀與寫作，固定在講義雜誌、扶輪社刊物發表專欄文章。哈佛企管顧問公司董事長洪良浩就在推薦序中，盛讚他是「管理雜誌最受歡迎的專文撰稿者」。

全聯總裁徐重仁在推薦序中，以「一生燃燒、一生感動、一生不悟」三句話，傳神地形容賴董事長的人生。讀者只要細心品味，這本好書定能為你的工作、生活，找到有感的幸福人生！

二〇一三年十月，賴董事長邀約談老人憂鬱症的八八聯誼餐會後，回家的車上，我問：董事長最想做什麼事？

賴董說：好多好多，其中之一是喝孫子的喜酒。

我說：孫子快結婚了？

他說：不！他現在大一，沒女朋友，至少還要等十年吧！也就是我還要活個十年。

我說：那太好了！我們還要一起做很多事呢！

用心就有感：開啟你工作與生活的幸福思維

作　　　者／賴東明

總　編　輯／葉雅馨
主　　　編／楊育浩
執 行 編 輯／蔡睿縈、林潔女
內 頁 繪 圖／恩佐
封 面 設 計／比比司設計工作室
內 頁 排 版／廖婉甄

出 版 發 行／財團法人董氏基金會《大家健康》雜誌
發行人暨董事長／謝孟雄
執　行　長／姚思遠

地　　　址／臺北市復興北路 57 號 12 樓之 3
服 務 電 話／ 02-27766133#252
傳 真 電 話／ 02-27522455、02-27513606
大家健康雜誌網址／ www.jtf.org.tw/health
大家健康雜誌部落格／ jtfhealth.pixnet.net/blog
大家健康雜誌粉絲團／ www.facebook.com/happyhealth

郵 政 劃 撥／ 07777755
戶　　　名／財團法人董氏基金會

總　經　銷／聯合發行股份有限公司
電　　　話／ 02-29178022 # 122
傳　　　真／ 02-29157212

法 律 顧 問／眾勤國際法律事務所
印 刷 製 版／沈氏藝術印刷

出 版 日 期／2014 年 4 月 2 日初版

定　　　價／新臺幣 300 元
本書如有缺頁、裝訂錯誤、破損請寄回更換
歡迎團體訂購，另有專案優惠，
請洽 02-27766133#252

國家圖書館出版品預行編目資料

用心就有感：開啟你工作與生活的幸福思維 /
賴東明著. -- 初版. -- 臺北市：董氏基金會
<<大家健康>>雜誌, 2014.04
　面；　公分
ISBN 978-986-90432-0-5(平裝)
1.生活指導 2.文集

177.2　　　　103002644